I0846328

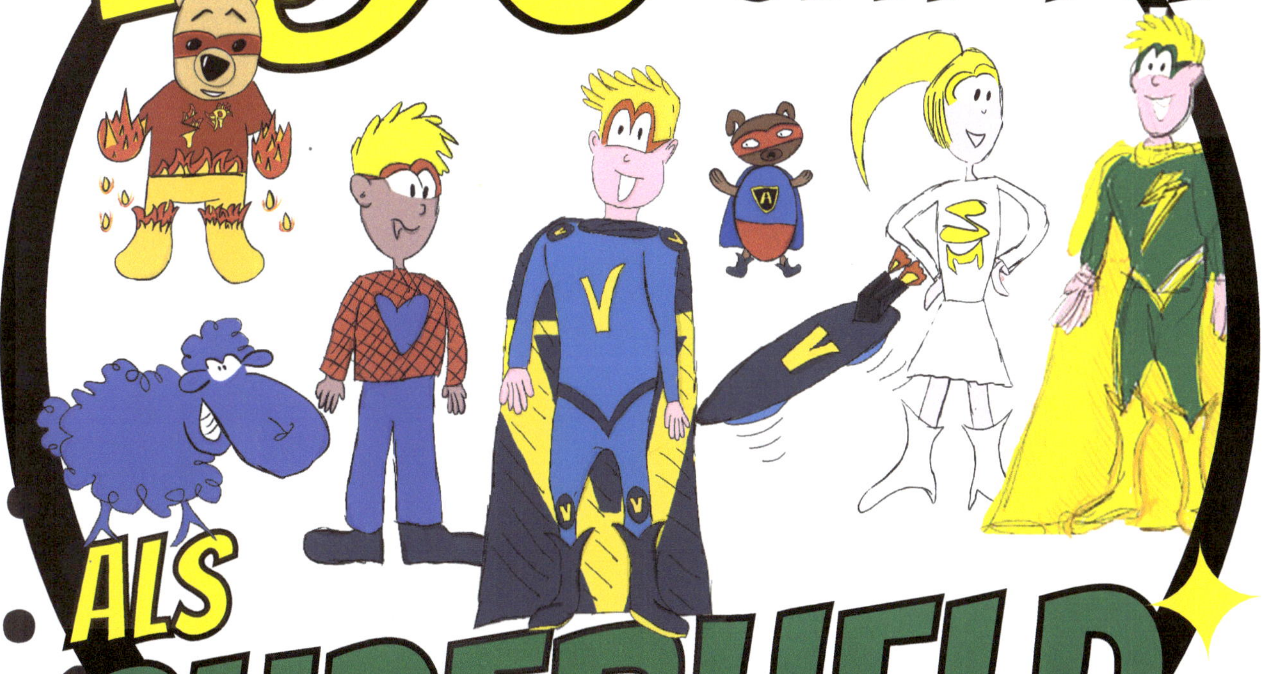

150 JAHRE
ALS
SUPERHELD
SEI AUCH EINER!
KOLORIERT VON VAO-TAO
UND TAO-VAO

NESTOR präsentiert

150 Jahre als Superheld
Sei auch einer!

Zeichnungen und Text: NESTOR
Kolorierung: VAO-TAO und TAO-VAO

1. Auflage, 2023

Cover: Giovanni Misagra
Druck: Amazon Media EU S.á r.l., 5 Rue Plaetis, L-2338, Luxembourg

ISBN: 9798866879397

VINCE-MAN

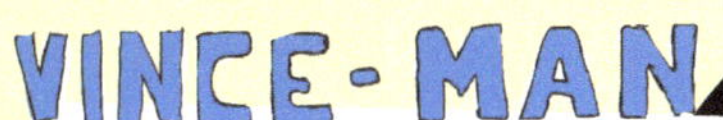
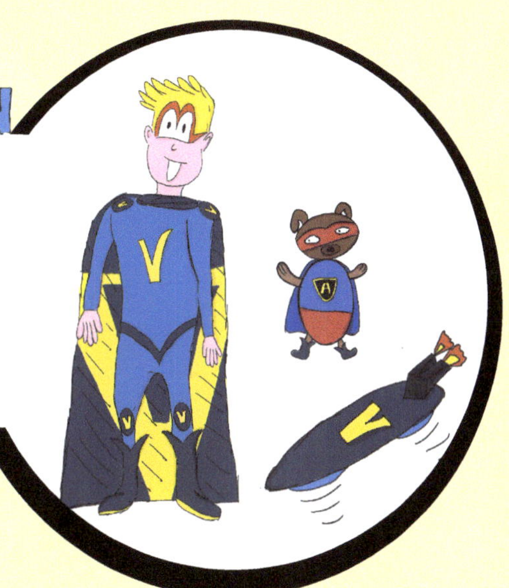

SUPER - POOH

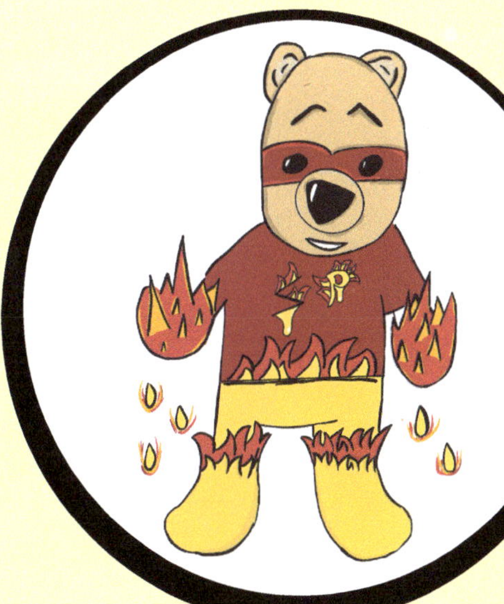

Er schießt Feuerhonig-Kugeln
und der Honig wird hart sobald
er gegen etwas trifft.

SUPER-HELD

In dem er um die Welt fliegt
dreht er die Zeit zurück.

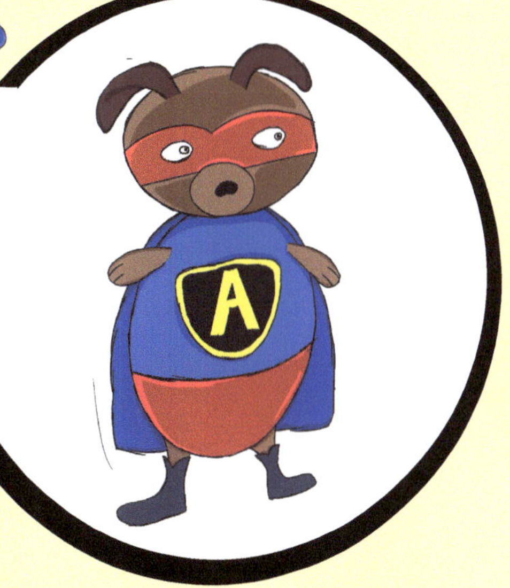

SPYDI & BLAU-SCHAF

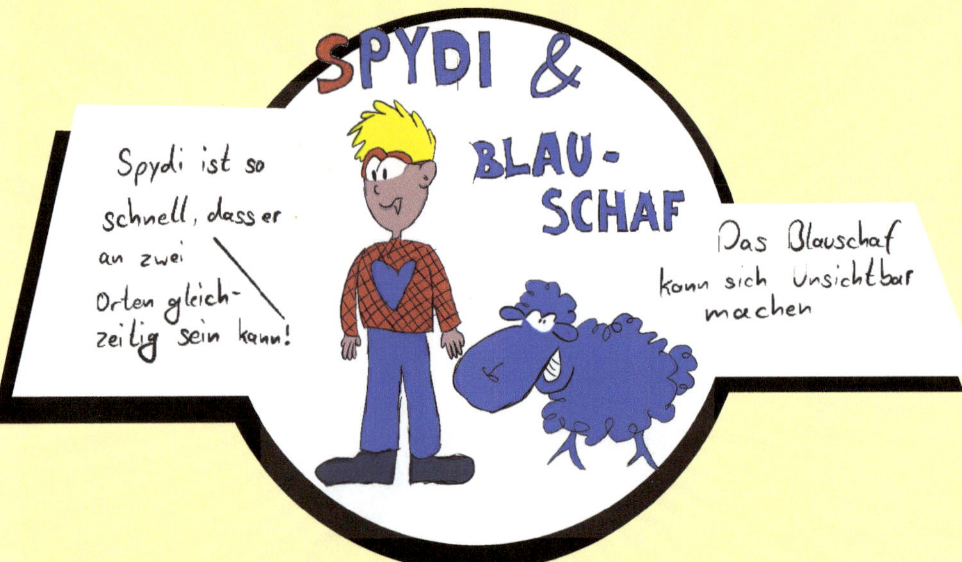

SUPER - MAMA

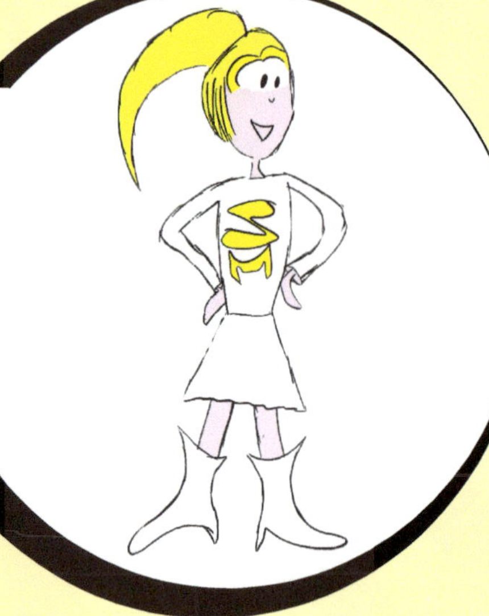

Superkraft:

Kann Sachen verschwinden und wieder auftauchen lassen.

FLASH-MAN

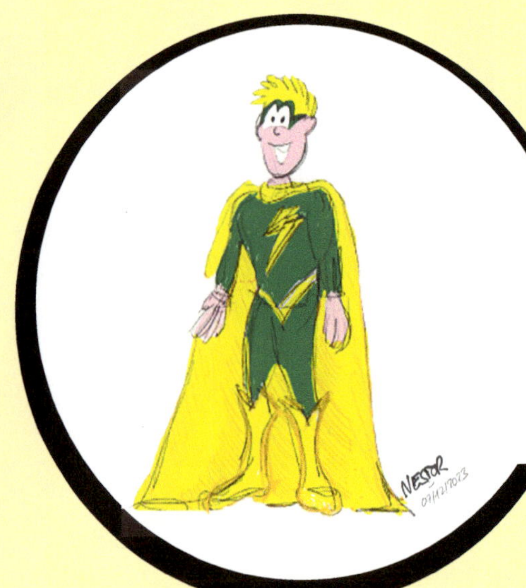

Superkraft:

Kreativität

... Was sonst ?!

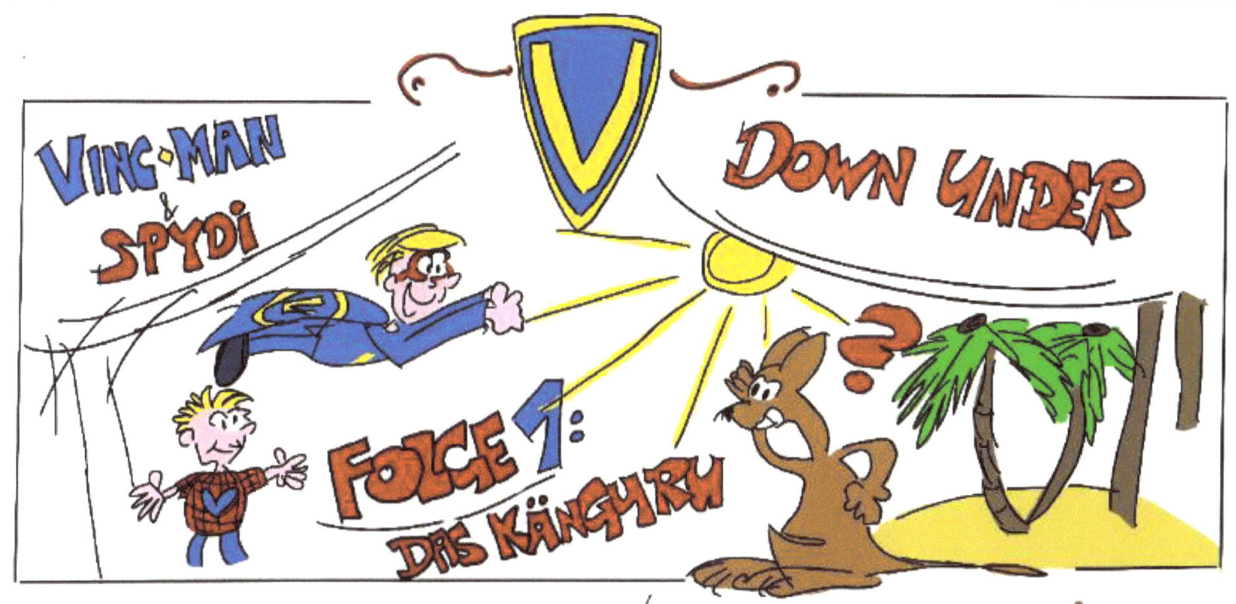
VINC-MAN & SPYDI
DOWN UNDER
FOLGE 1: DAS KÄNGURU
?

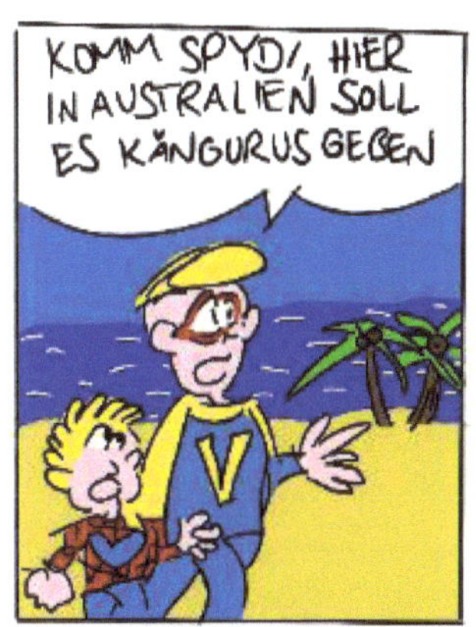
KOMM SPYDI, HIER IN AUSTRALIEN SOLL ES KÄNGURUS GEBEN

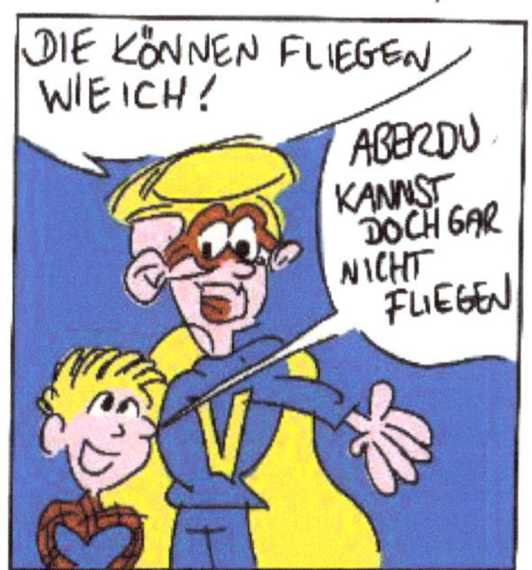
DIE KÖNNEN FLIEGEN WIE ICH!
ABER DU KANNST DOCH GAR NICHT FLIEGEN

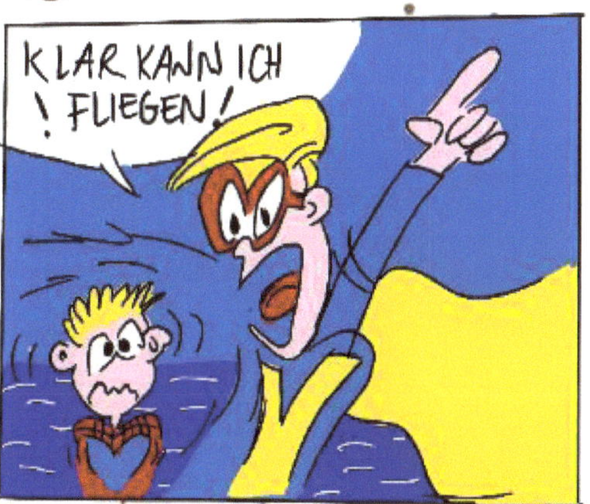
KLAR KANN ICH! FLIEGEN!

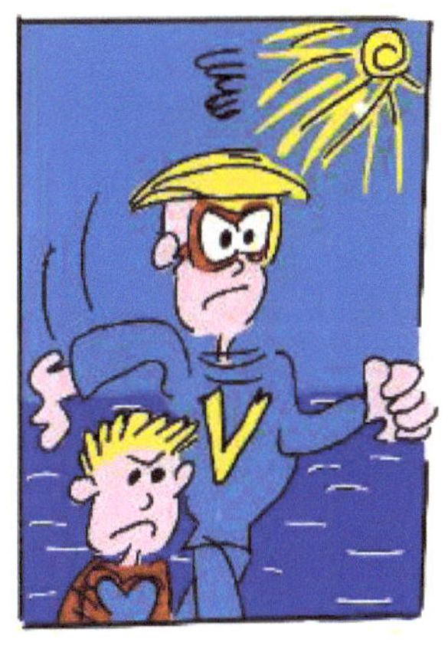

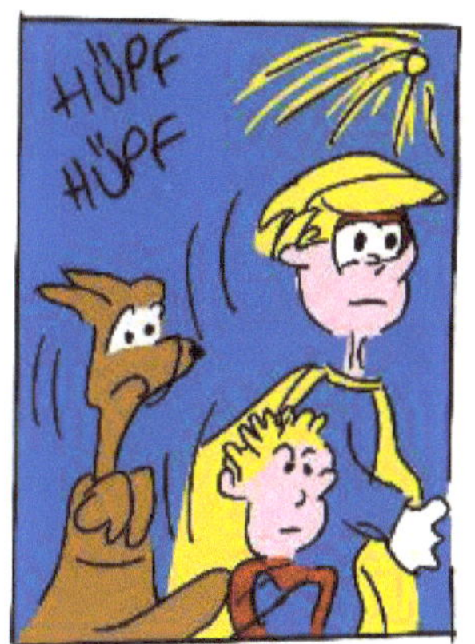
HÜPF HÜPF

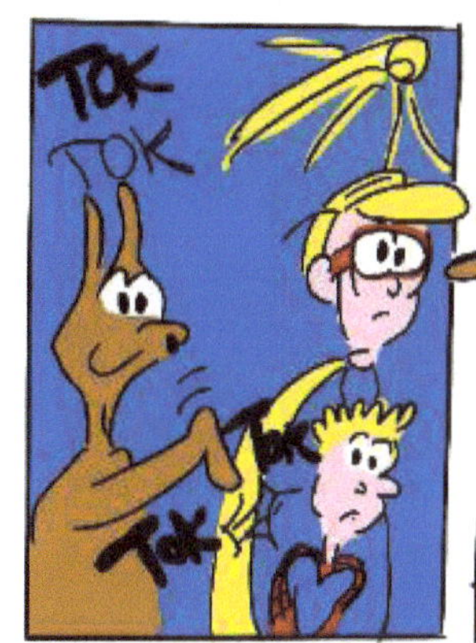
TOK TOK TOK TOK

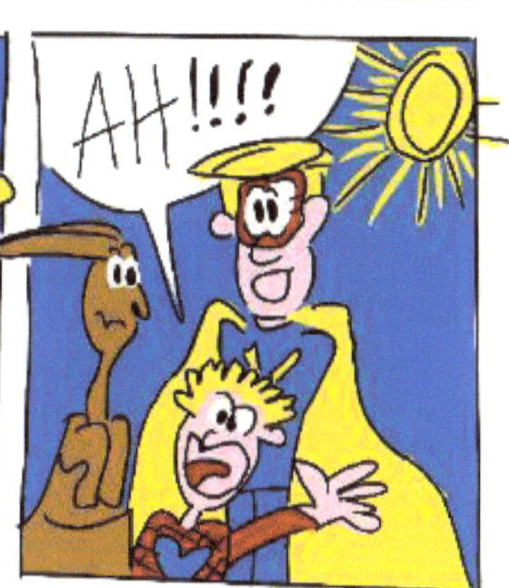
AH!!!!

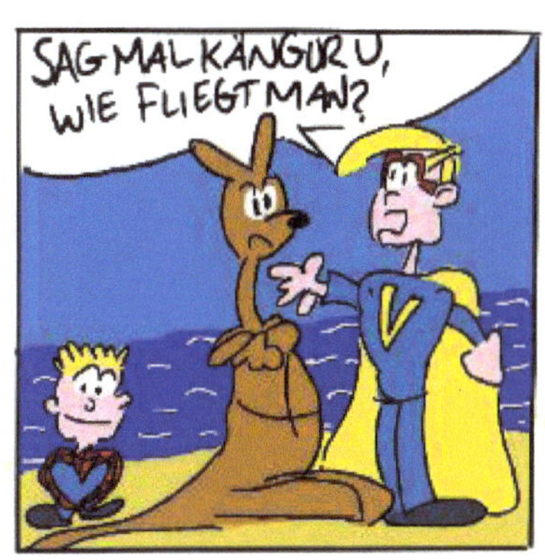
SAG MAL KÄNGURU, WIE FLIEGT MAN?

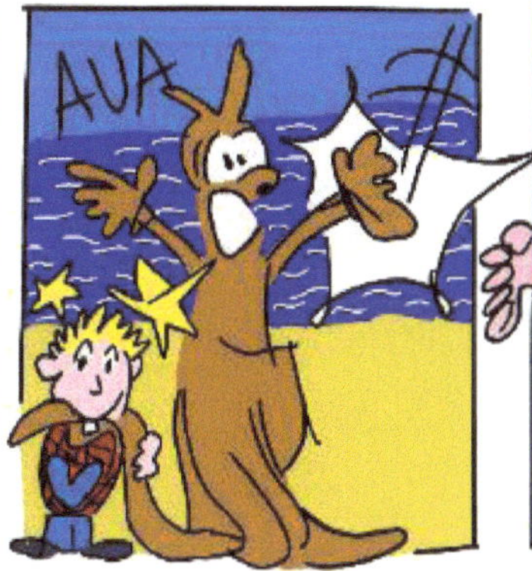
AUA

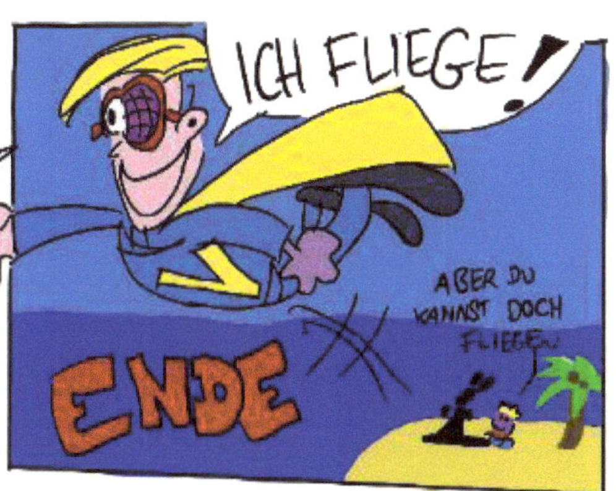
ICH FLIEGE!
ABER DU KANNST DOCH FLIEGEN
ENDE

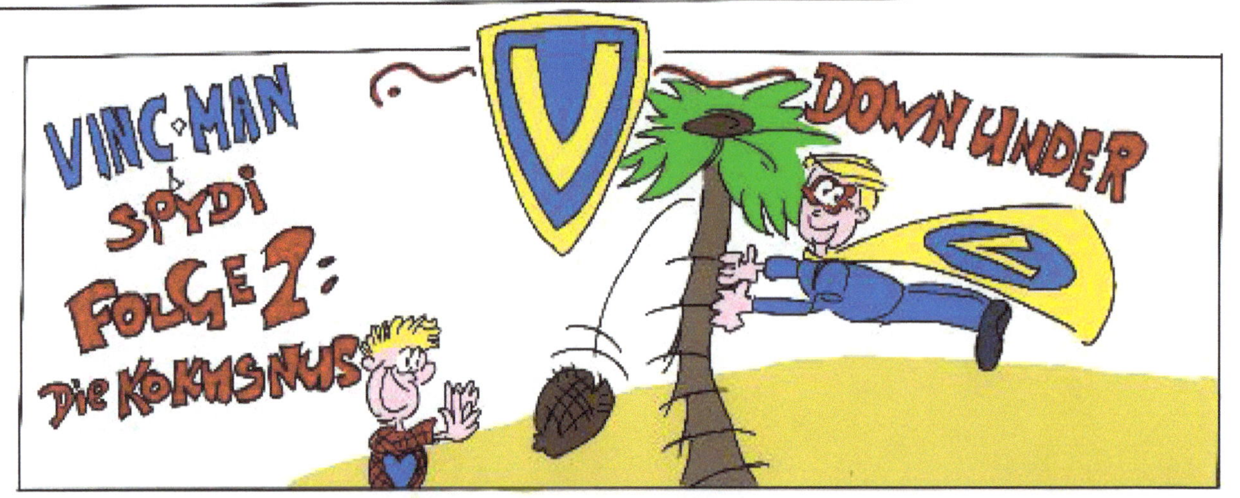

VINC-MAN
&
SPYDI
FOLGE 2:
DIE KOKUSNUS
DOWN UNDER

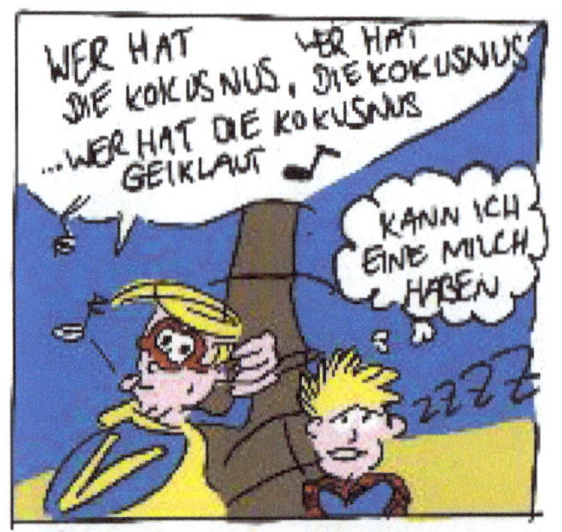

WER HAT DIE KOKUSNUS, WER HAT DIE KOKUSNUS ...WER HAT DIE KOKUSNUS GEIKLAUT ♪
KANN ICH EINE MILCH HABEN
ZZZZ

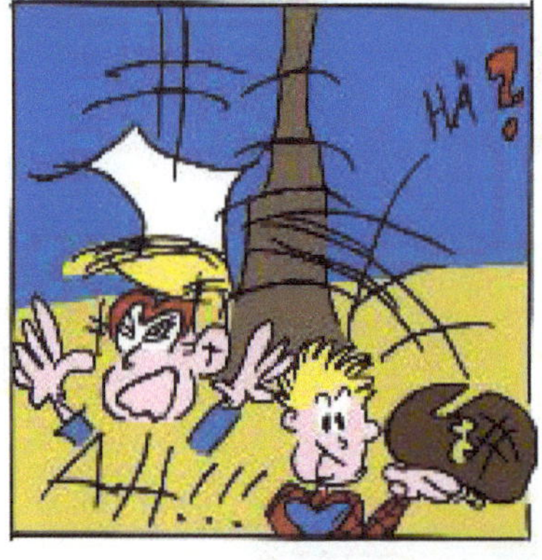

HÄ?
AH!!!

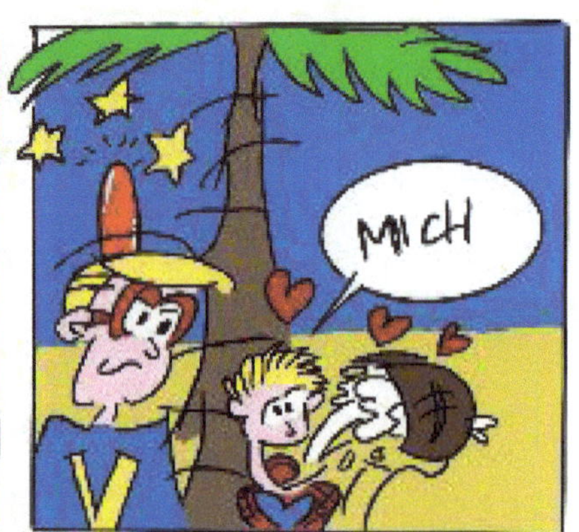

MICH

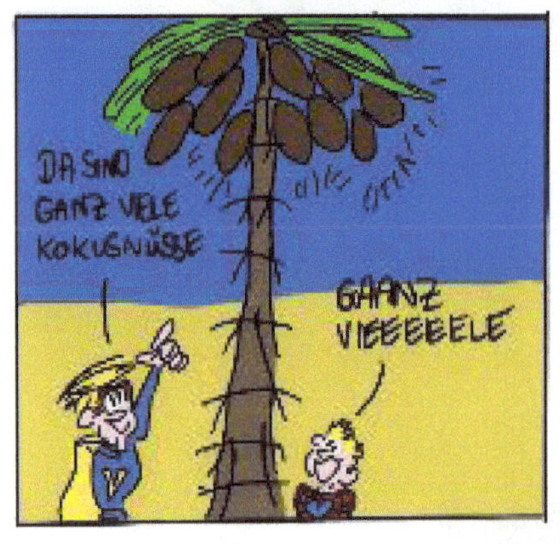

DA SIND GANZ VELE KOKUSNÜSSE
GAANZ VIEEEELE

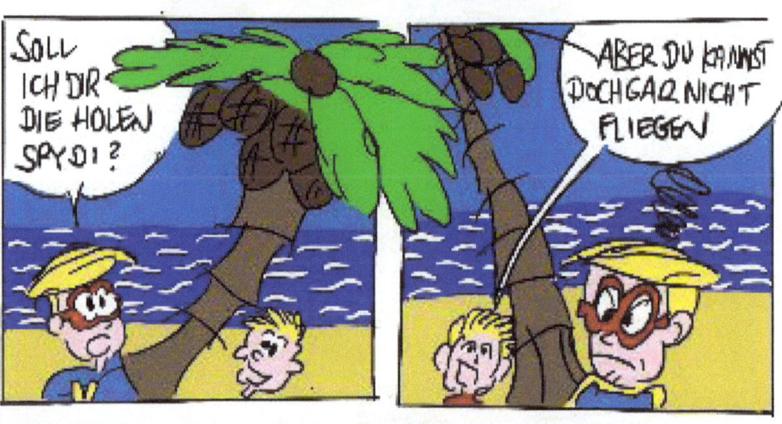

SOLL ICH DIR DIE HOLEN SPYDI?
ABER DU KANNST DOCH GAR NICHT FLIEGEN

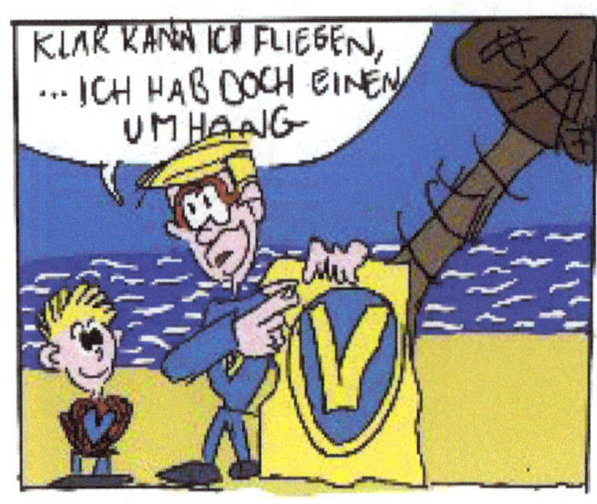

KLAR KANN ICH FLIEGEN, ...ICH HAB DOCH EINEN UMHANG

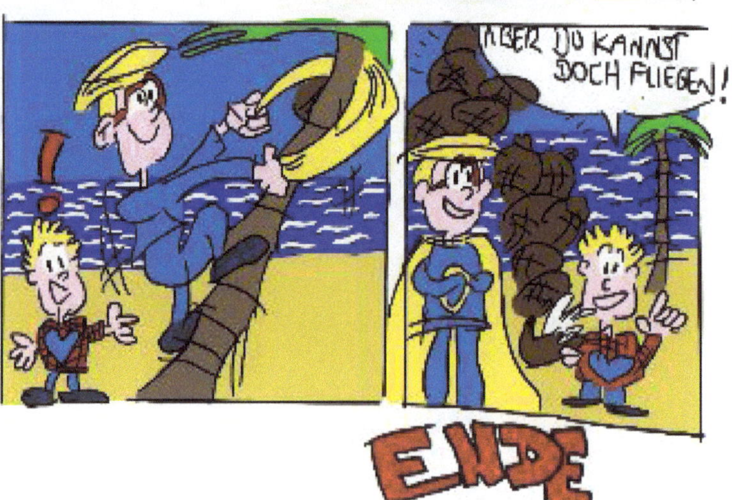

ABER DU KANNST DOCH FLIEGEN!
ENDE

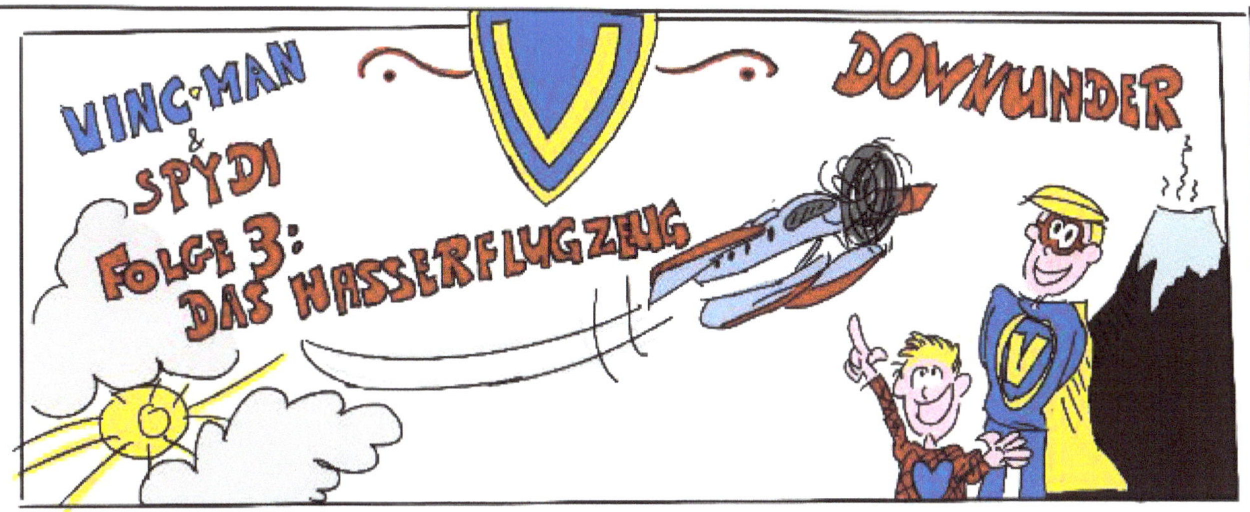

VINC-MAN & SPYDI
FOLGE 3: DAS WASSERFLUGZEUG
DOWNUNDER

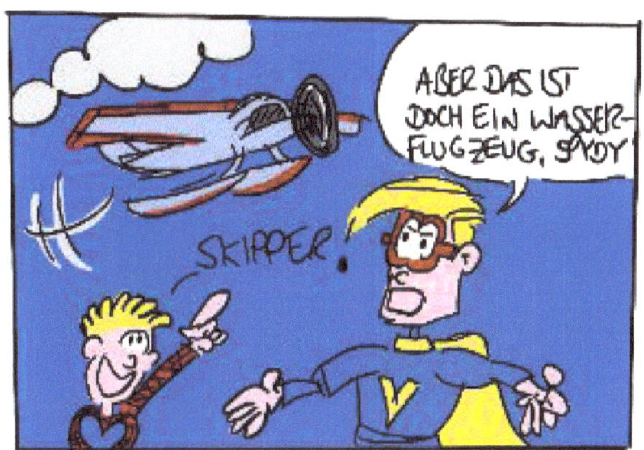

ABER DAS IST DOCH EIN WASSER-FLUGZEUG, SPYDY!
SKIPPER!

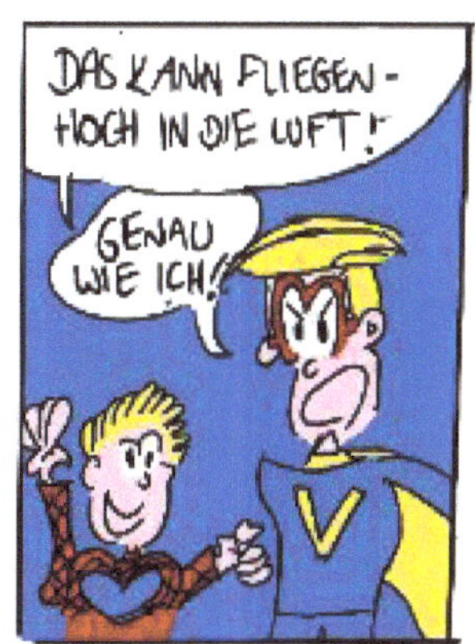

DAS KANN FLIEGEN - HOCH IN DIE LUFT!
GENAU WIE ICH!

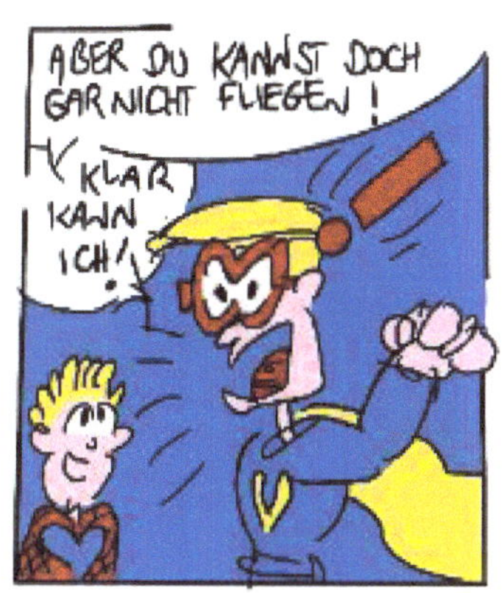

ABER DU KANNST DOCH GAR NICHT FLIEGEN!
KLAR KANN ICH!

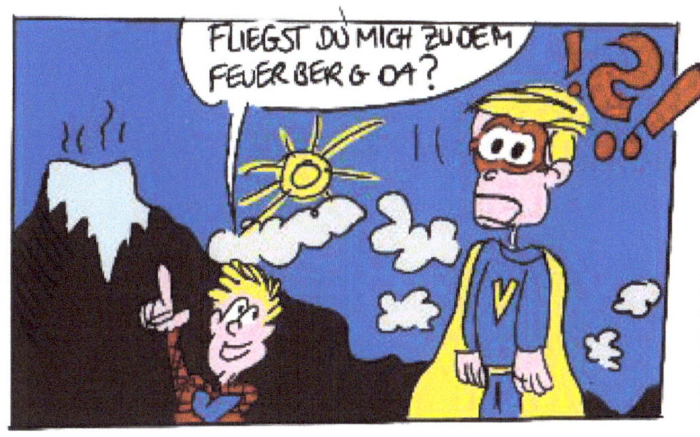

FLIEGST DU MICH ZU DEM FEUERBERG DA?
!?!

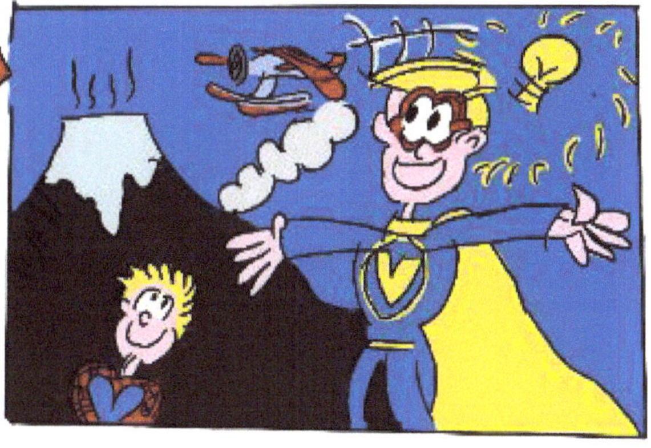

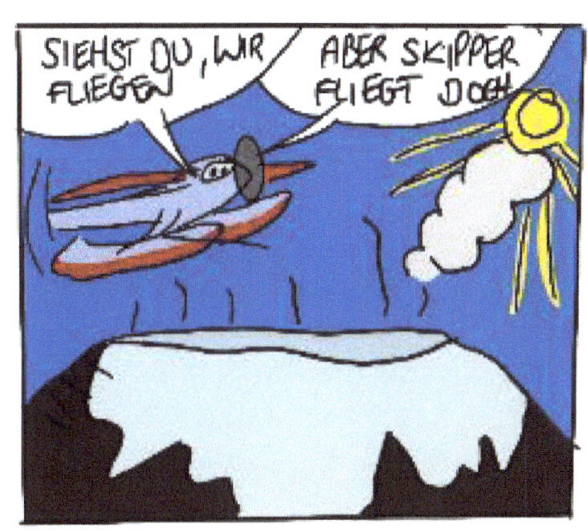

SIEHST DU, WIR FLIEGEN
ABER SKIPPER FLIEGT DOCH

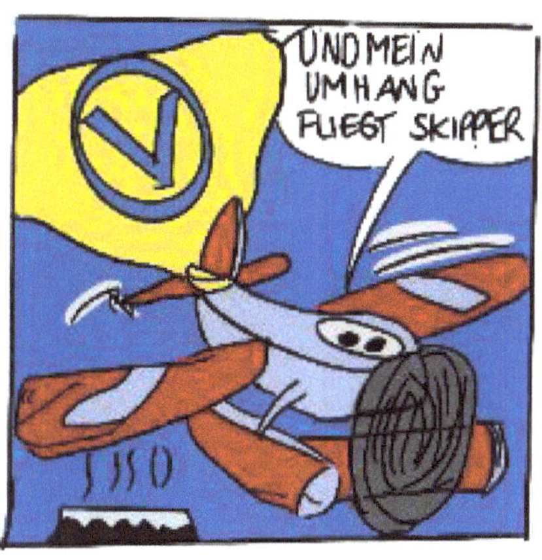

UND MEIN UMHANG FLIEGT SKIPPER

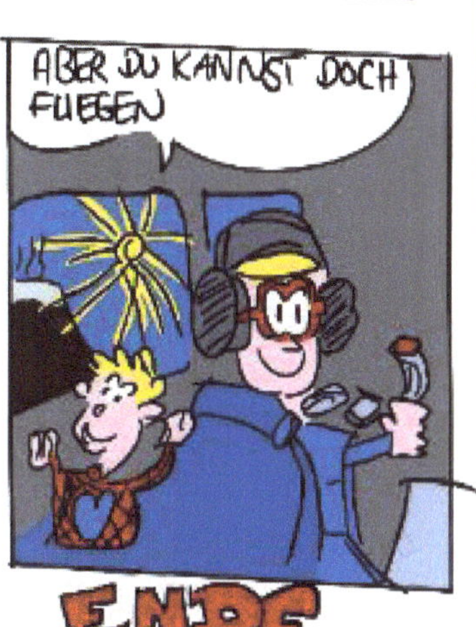

ABER DU KANNST DOCH FLIEGEN

ENDE

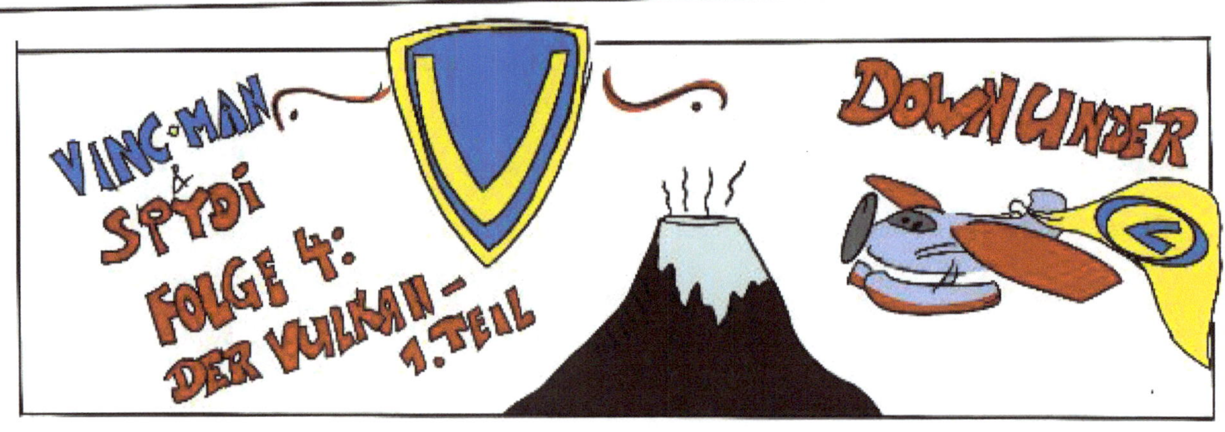

VINC-MAN & SPYDI
FOLGE 4:
DER VULKAN – 1.TEIL
DOWN UNDER

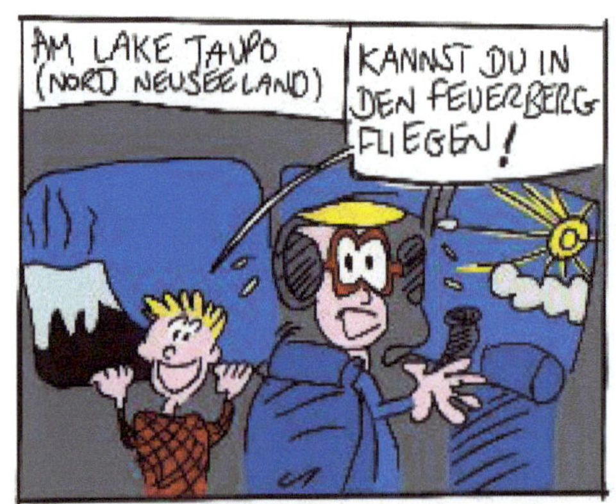

AM LAKE TAUPO (NORD NEUSEELAND)
KANNST DU IN DEN FEUERBERG FLIEGEN!

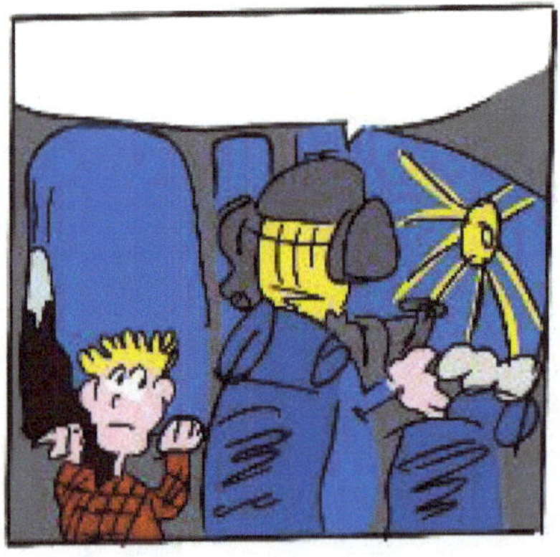

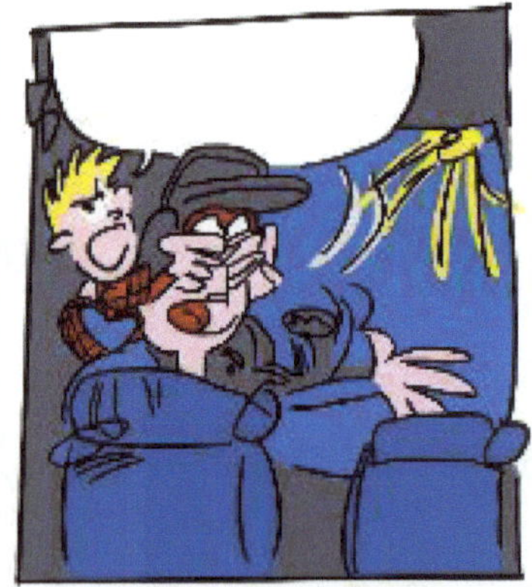

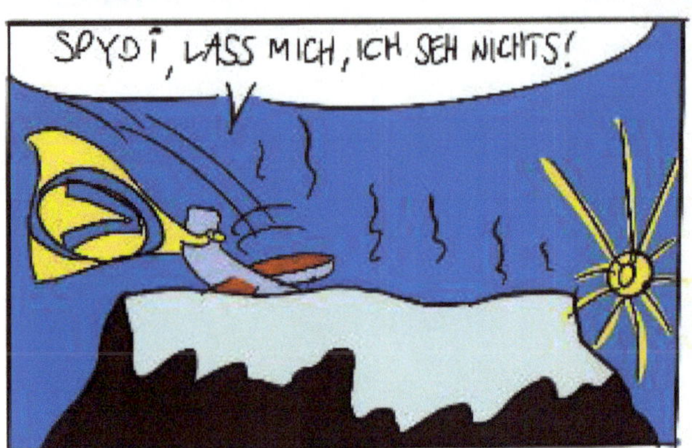

SPYDI, LASS MICH, ICH SEH NICHTS!

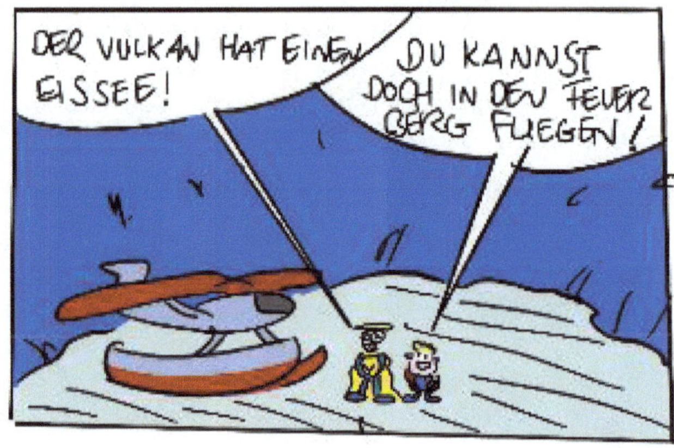

DER VULKAN HAT EINEN EISSEE!
DU KANNST DOCH IN DEN FEUERBERG FLIEGEN!

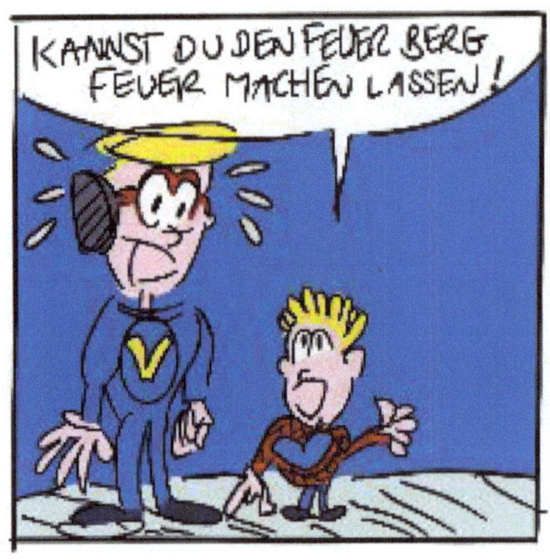

KANNST DU DEN FEUERBERG FEUER MACHEN LASSEN!

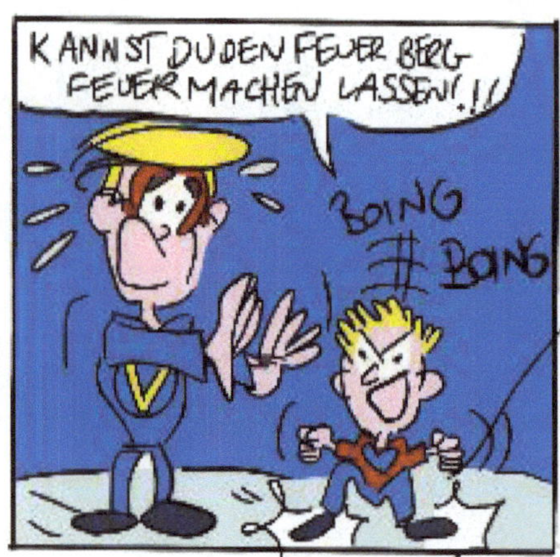

KANNST DU DEN FEUERBERG FEUER MACHEN LASSEN!!
BOING
BOING

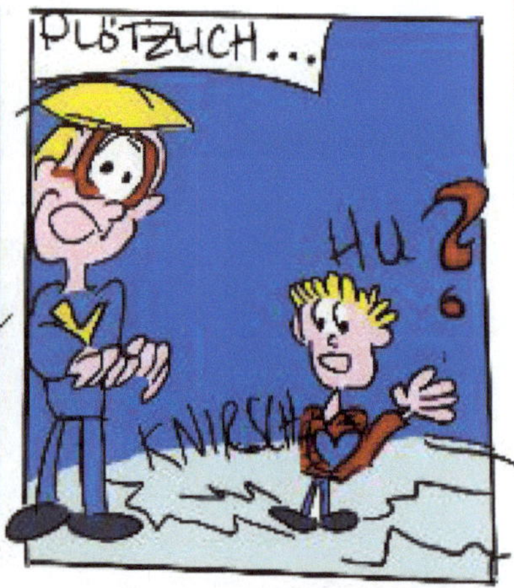

PLÖTZLICH...
HU?
KNIRSCH

FORTSETZUNG FOLGT...

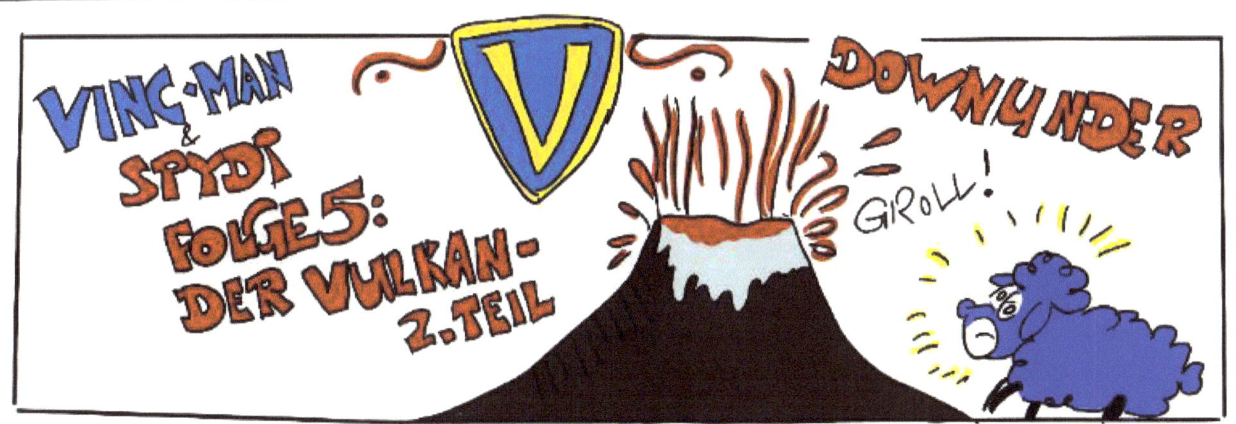

VINC-MAN & SPYDI
FOLGE 5:
DER VULKAN - 2.TEIL
DOWNUNDER
GROLL!

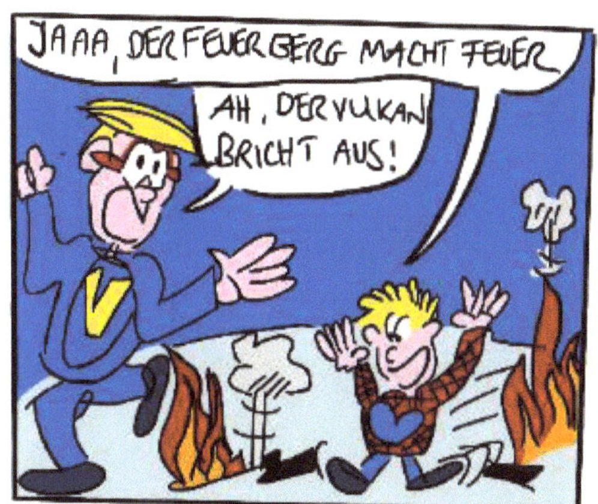

JAAA, DER FEUERBERG MACHT FEUER
AH, DER VULKAN BRICHT AUS!

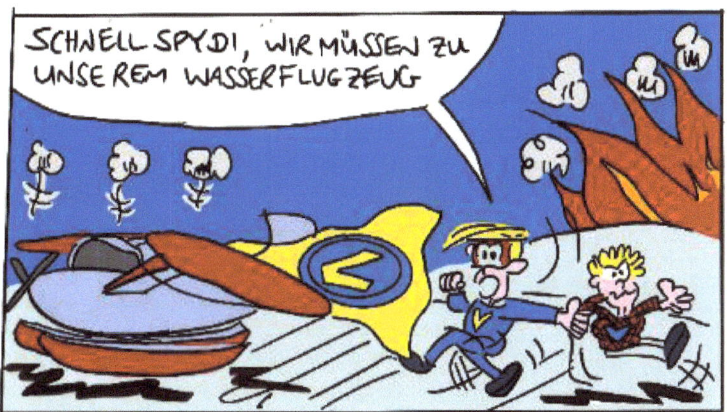

SCHNELL SPYDI, WIR MÜSSEN ZU UNSEREM WASSERFLUGZEUG

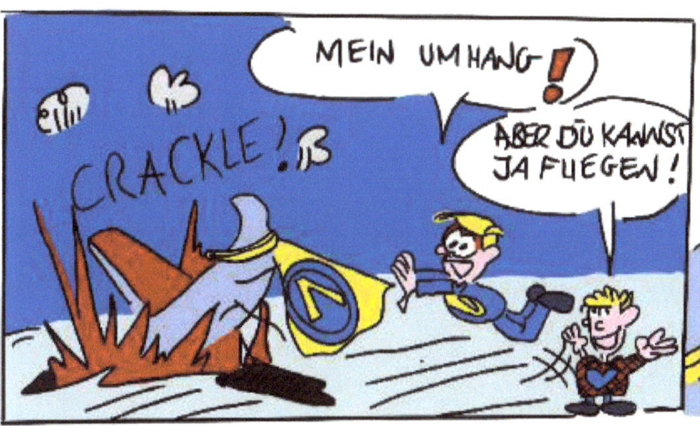

CRACKLE!
MEIN UMHANG!
ABER DU KANNST JA FLIEGEN!

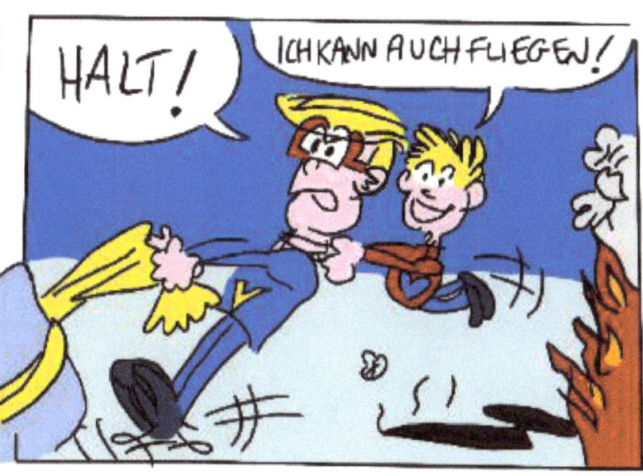

HALT!
ICH KANN AUCH FLIEGEN!

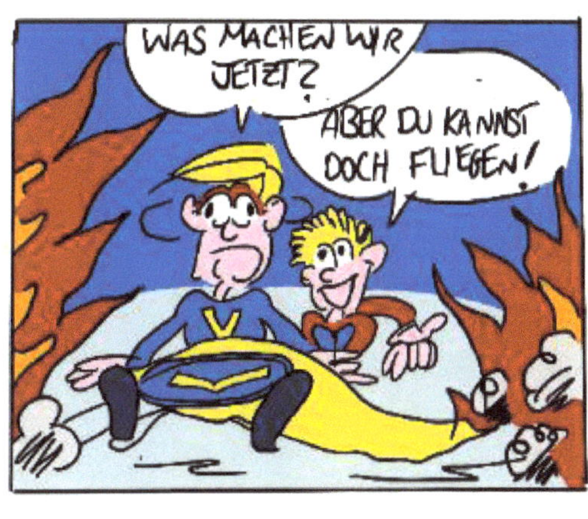

WAS MACHEN WIR JETZT?
ABER DU KANNST DOCH FLIEGEN!

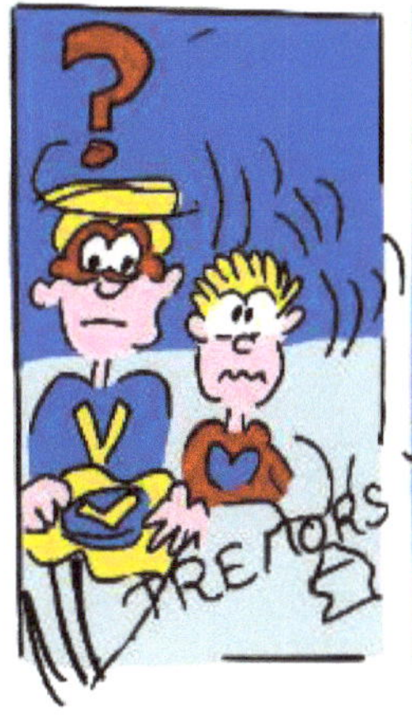

?
PREMORS

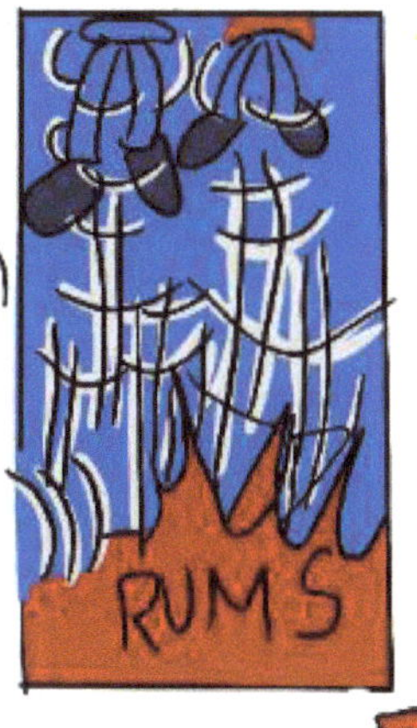

RUMS

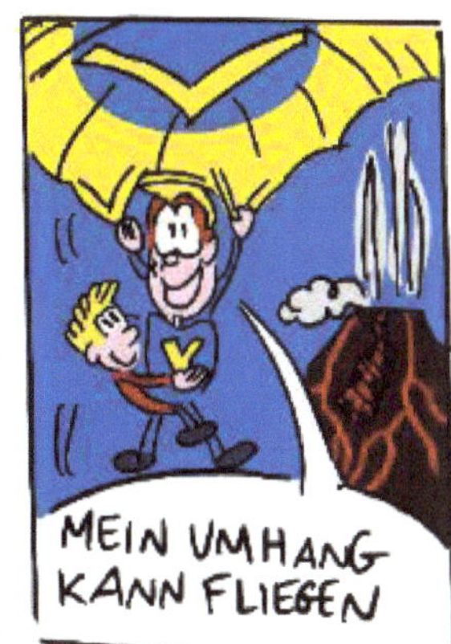

MEIN UMHANG KANN FLIEGEN

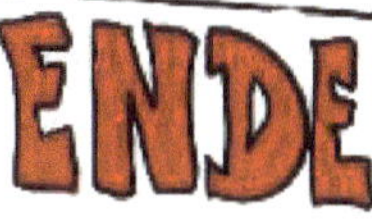

ENDE

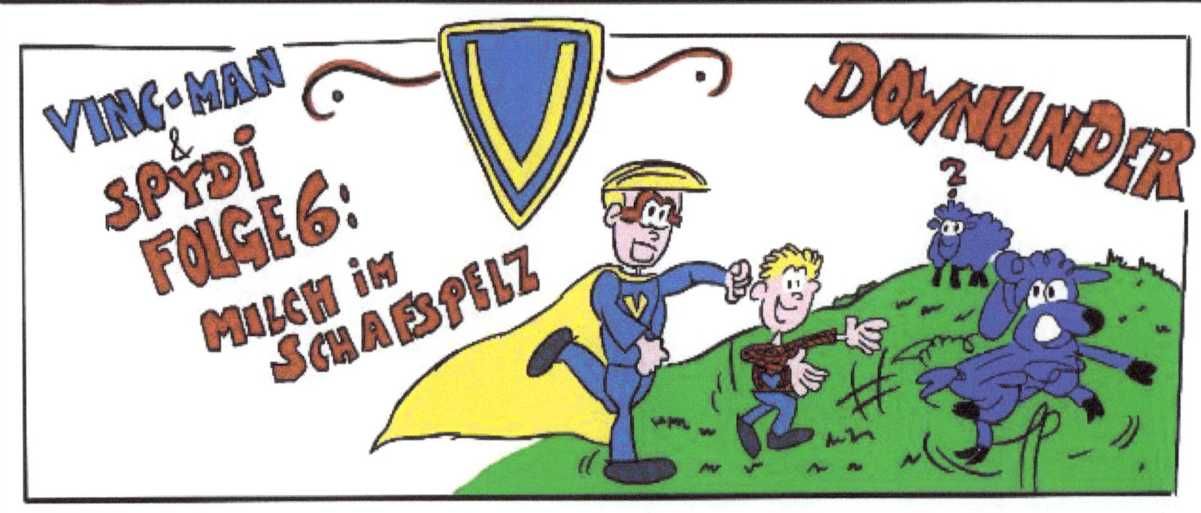

VINC-MAN & SPYDI
FOLGE 6: MILCH IM SCHAFSPELZ
DOWNUNDER

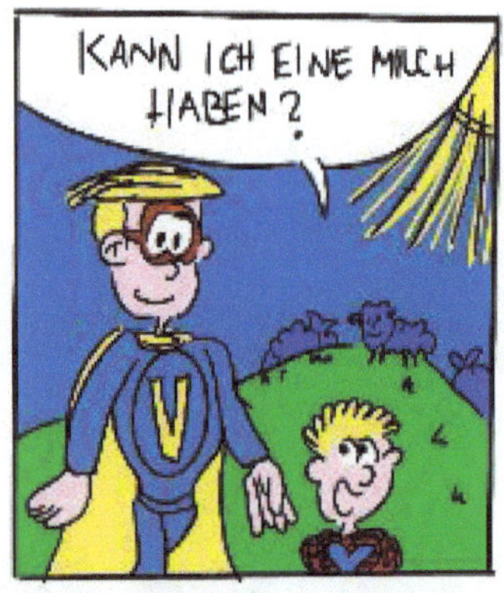

KANN ICH EINE MILCH HABEN?

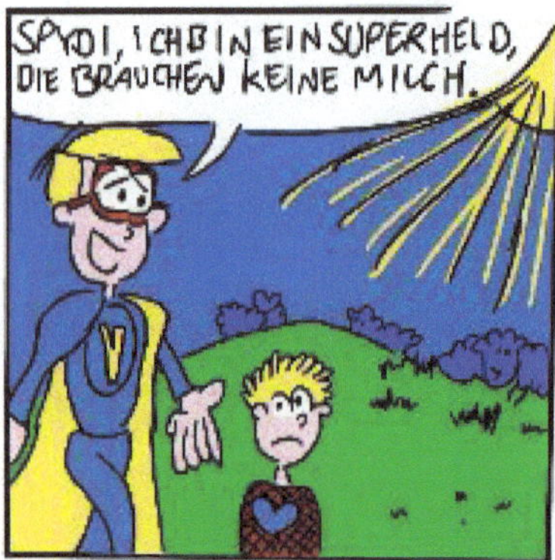

SPYDI, ICH BIN EIN SUPERHELD, DIE BRAUCHEN KEINE MILCH.

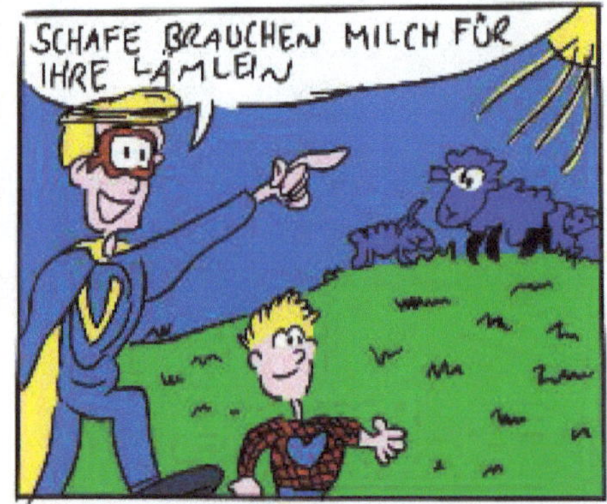

SCHAFE BRAUCHEN MILCH FÜR IHRE LÄMLEIN

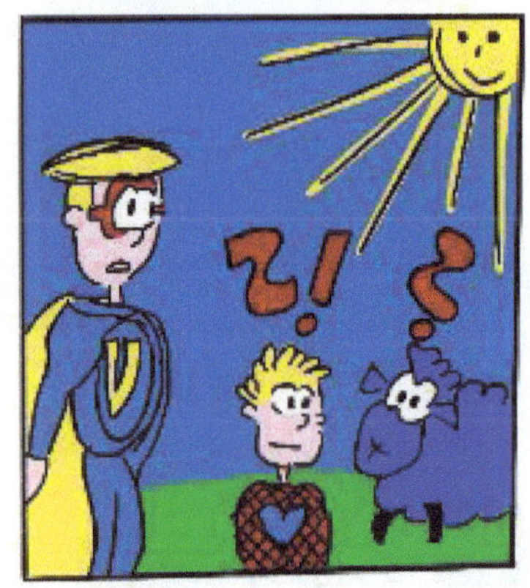

?!?

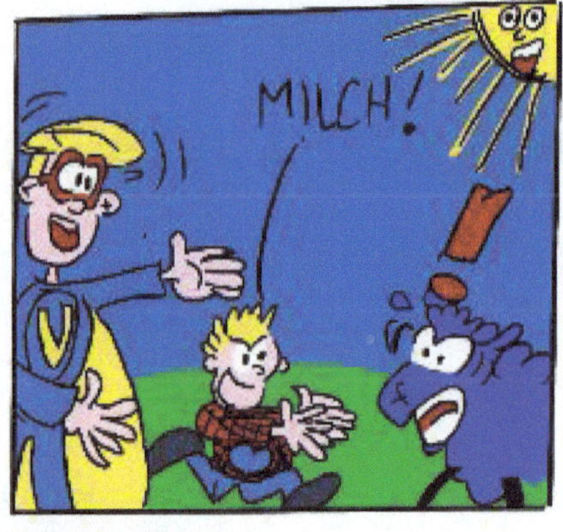

MILCH!

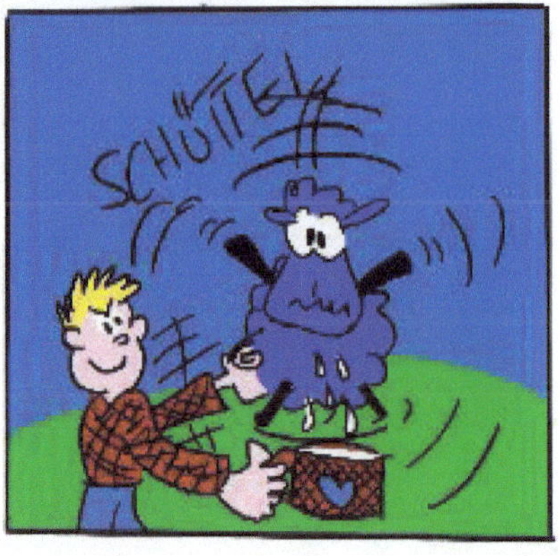

SCHÜTTEL

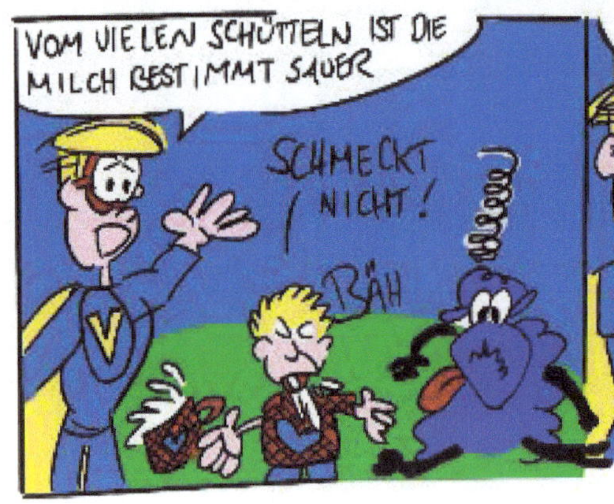

VOM VIELEN SCHÜTTELN IST DIE MILCH BESTIMMT SAUER
SCHMECKT NICHT!
BÄH

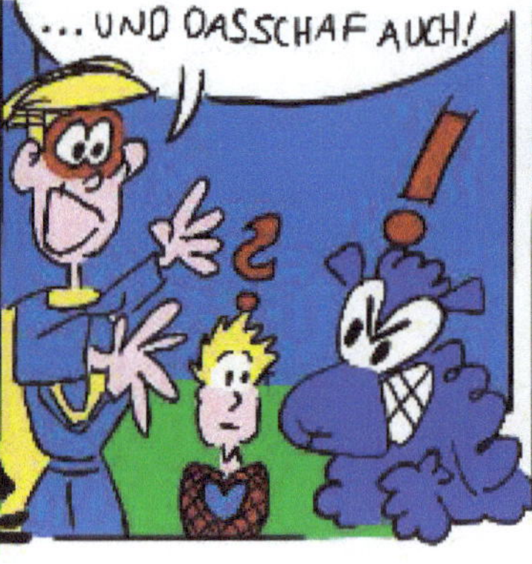

...UND DAS SCHAF AUCH!

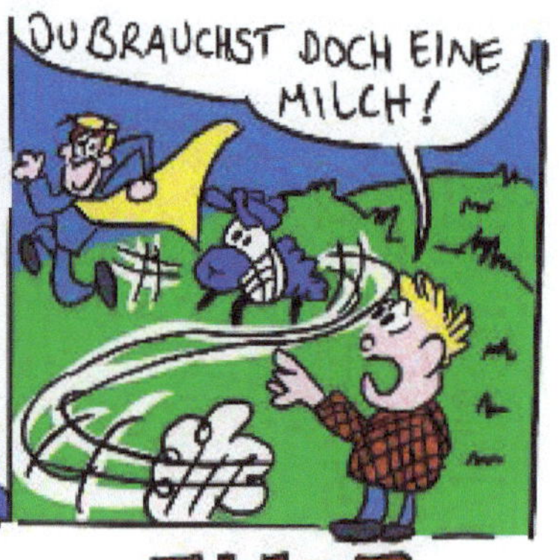

DU BRAUCHST DOCH EINE MILCH!

ENDE

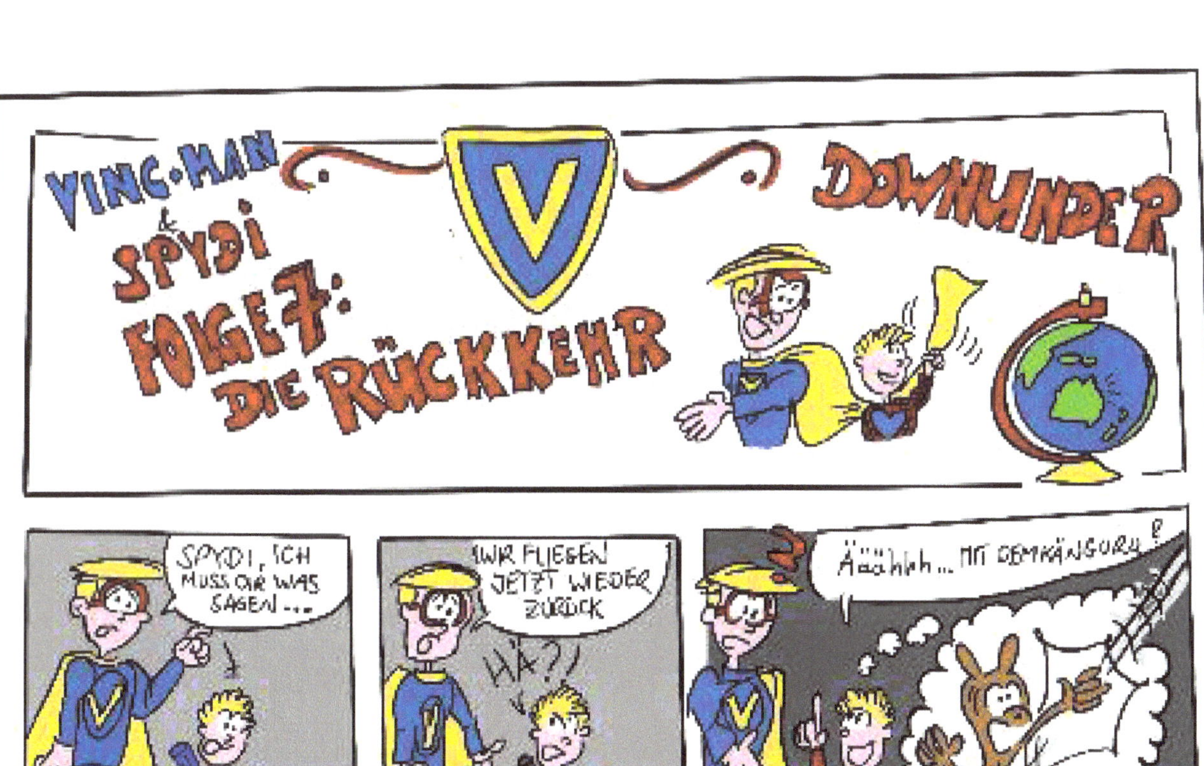

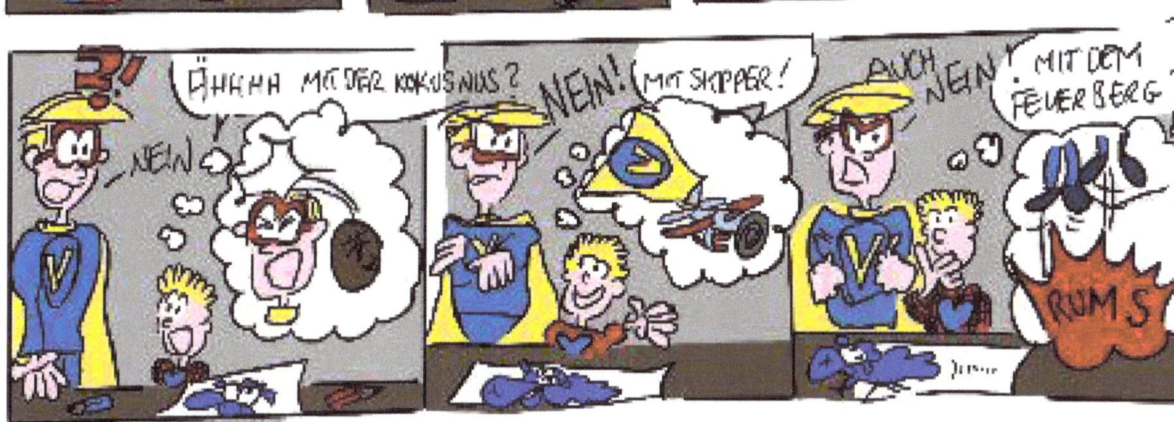

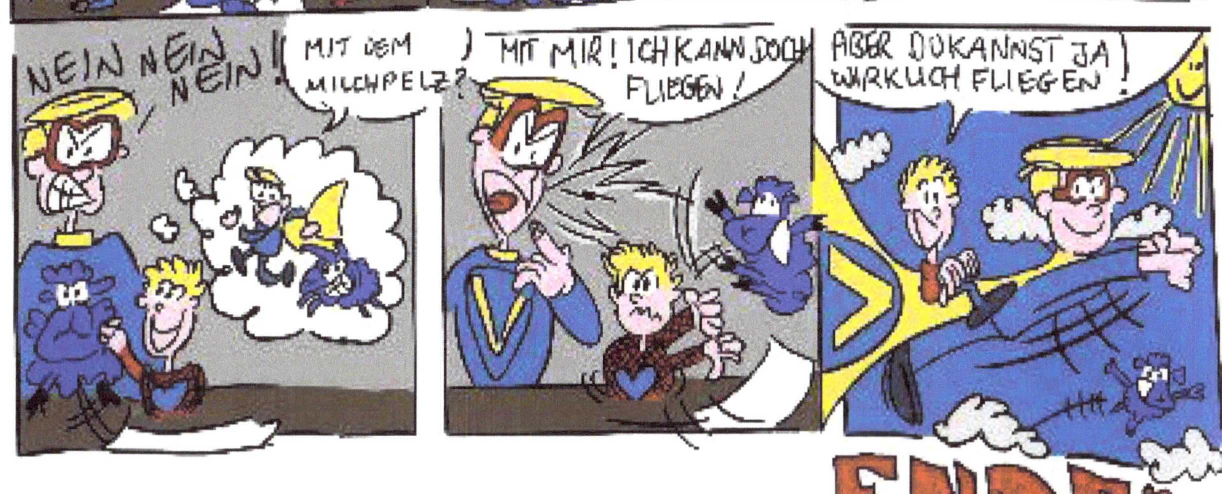

ⱺ ENDE VON "VINCMAN & SPYDI DOWNUNDER" – VINCMAN & SPYDI KEHREN ZURÜCK IN...

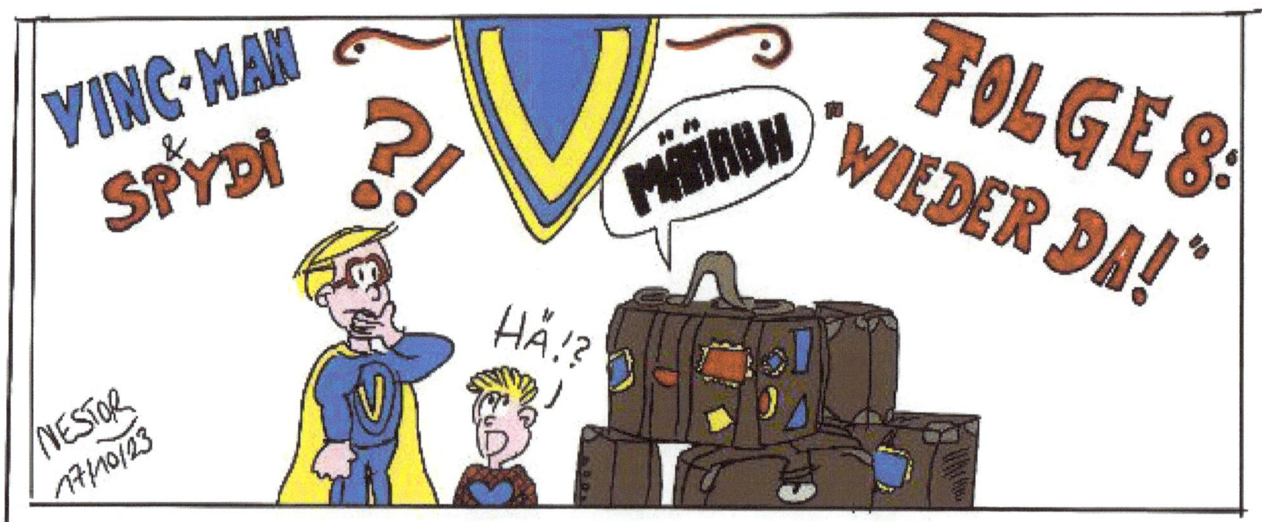

VINC-MAN & SPYDI
?!
MÄÄHHH
FOLGE 8:
"WIEDER DA!"
NESTOR
17/10/23
HÄ!?

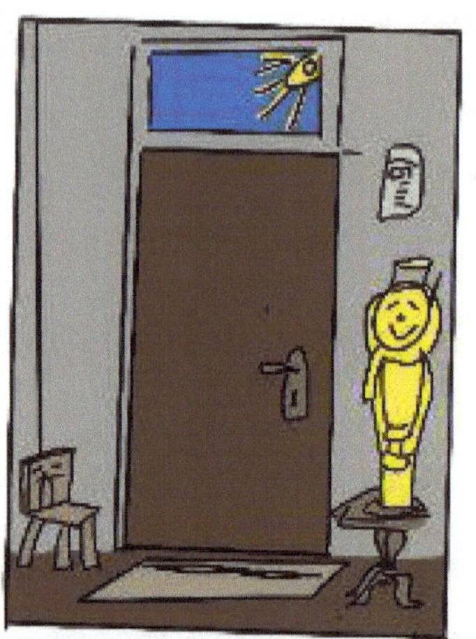

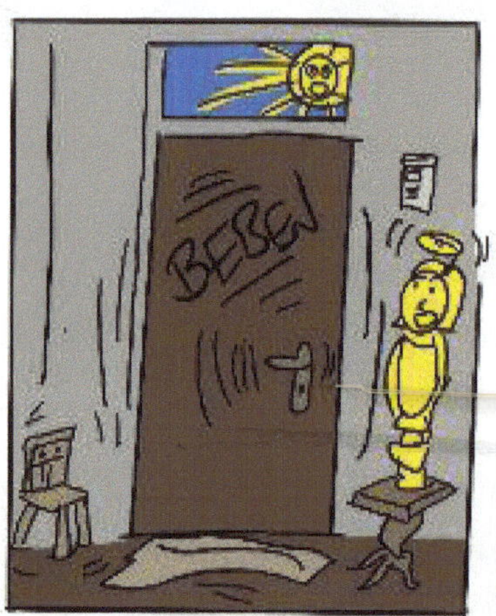

BEBEN

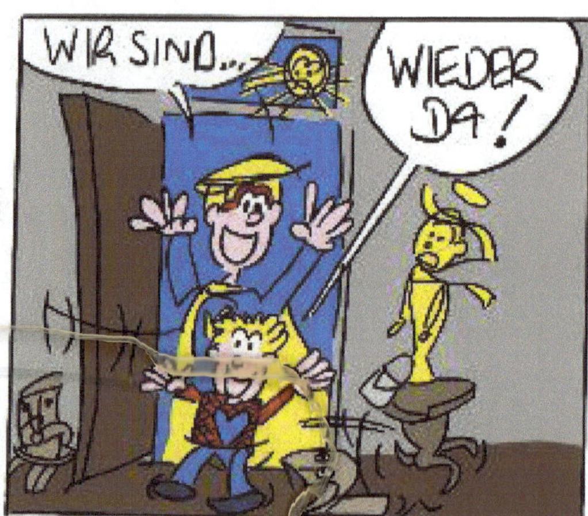

WIR SIND...
WIEDER DA!

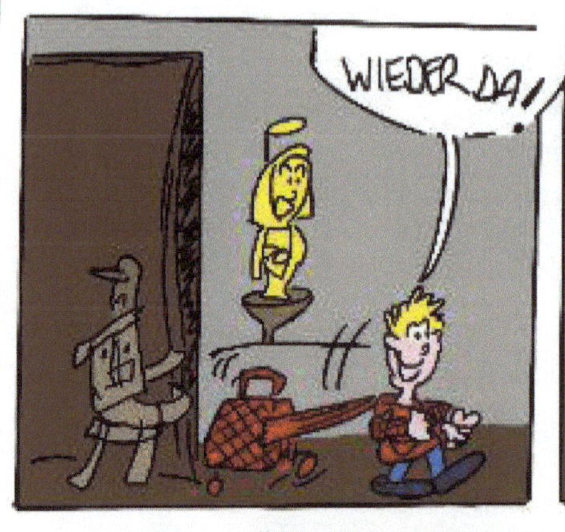

WIEDER DA!

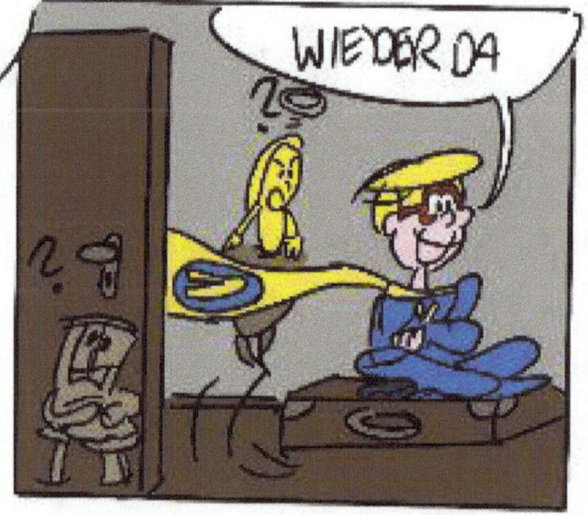

WIEDER DA

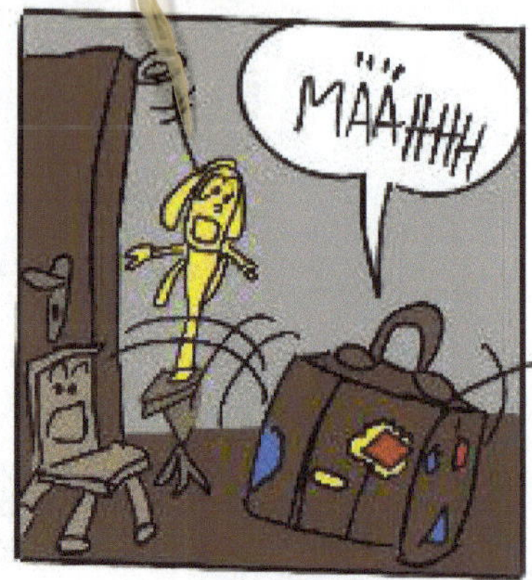

MÄÄHHH

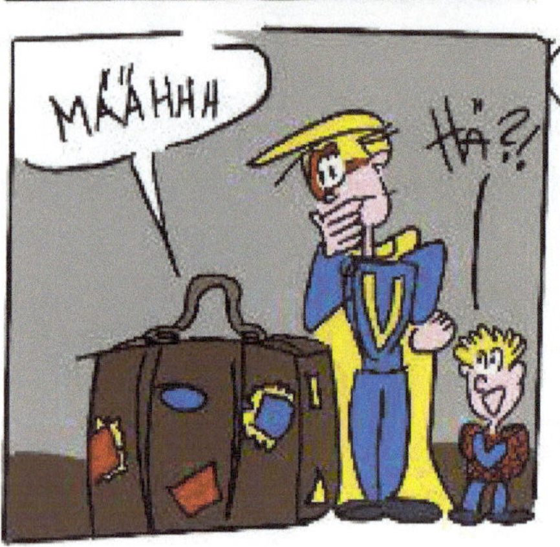

MÄÄHHH
HÄ?!

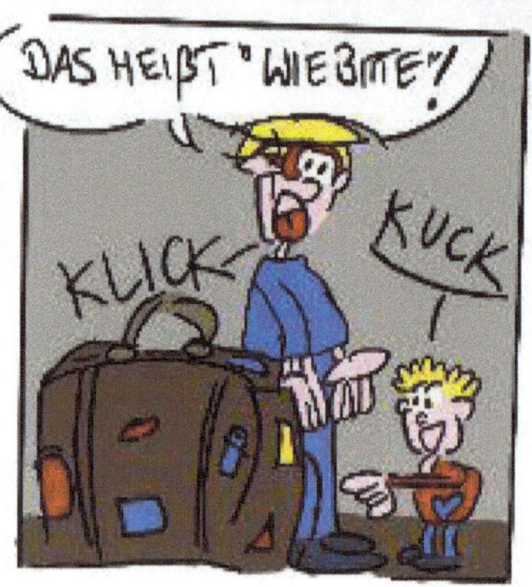

DAS HEISST "WIE BITTE"!
KLICK
KUCK

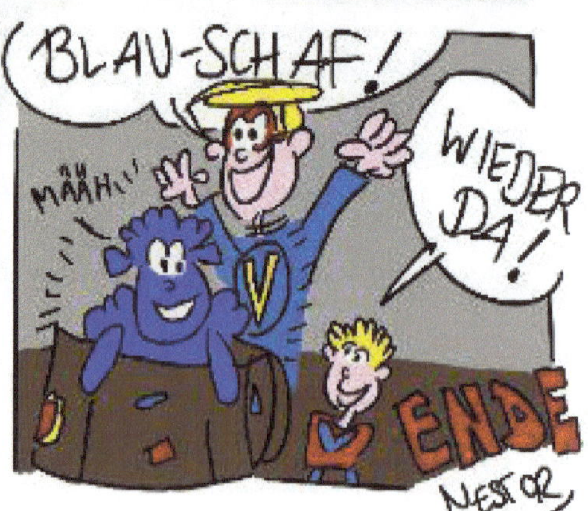

"BLAU-SCHAF!"
MÄÄH
WIEDER DA!
ENDE
NESTOR

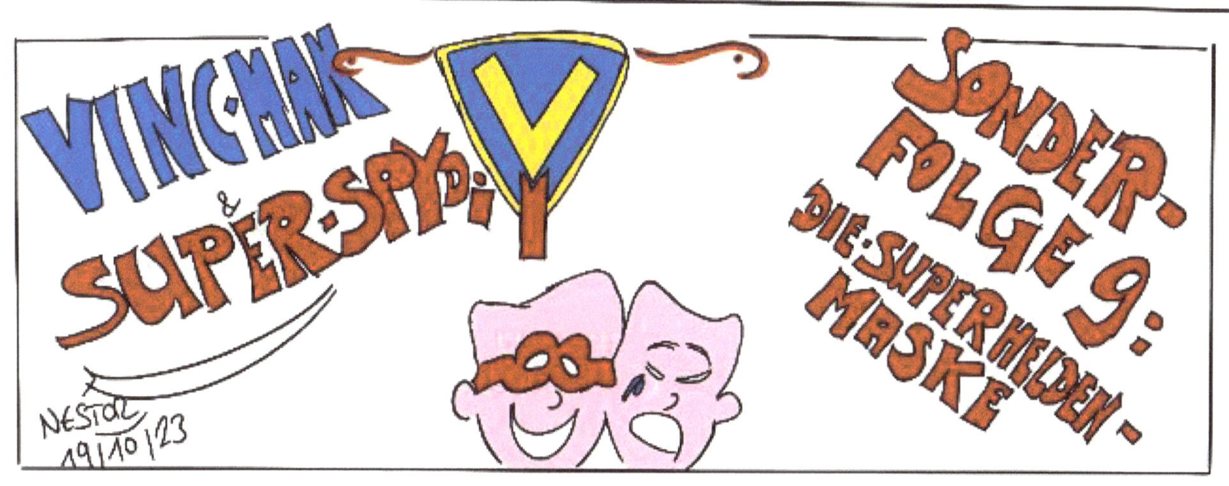

VINC-MAN
& SUPER-SPYDi
SONDER-FOLGE 9:
DIE-SUPERHELDEN-MASKE
NESTOR 19/10/23

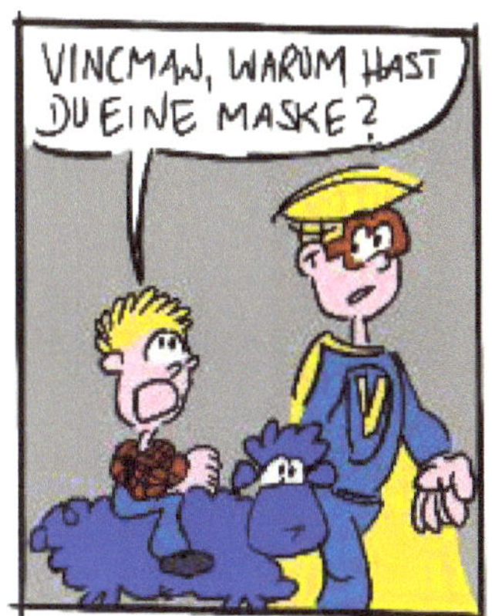

VINCMAN, WARUM HAST DU EINE MASKE?

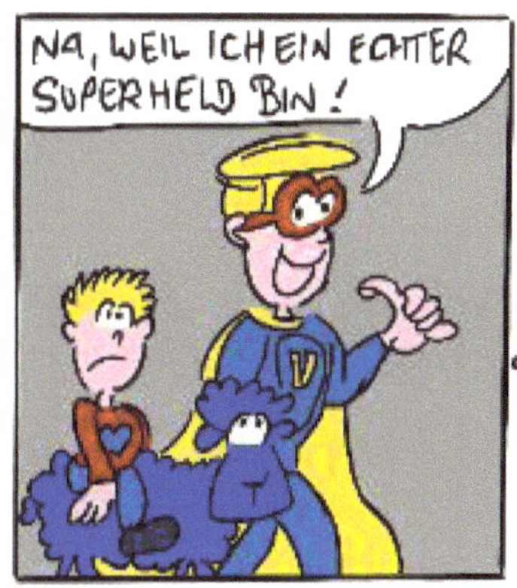

NA, WEIL ICH EIN ECHTER SUPERHELD BIN!

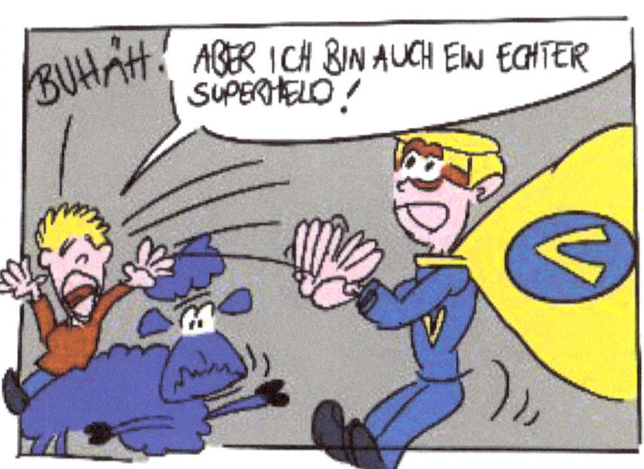

BUHÄH!
ABER ICH BIN AUCH EIN ECHTER SUPERHELD!

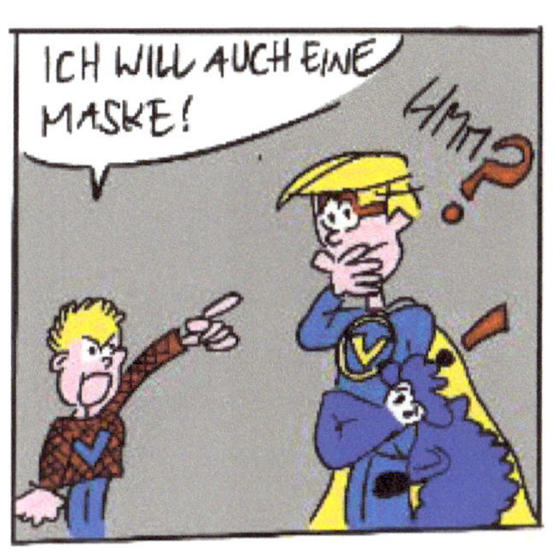

ICH WILL AUCH EINE MASKE!
HMM?

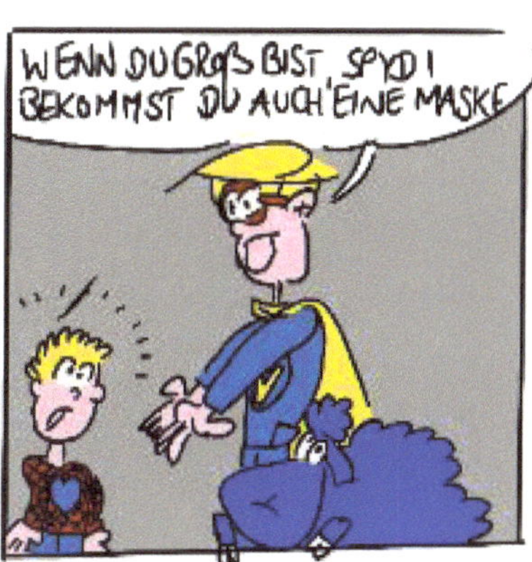

WENN DU GROSS BIST, SPYDi BEKOMMST DU AUCH EINE MASKE

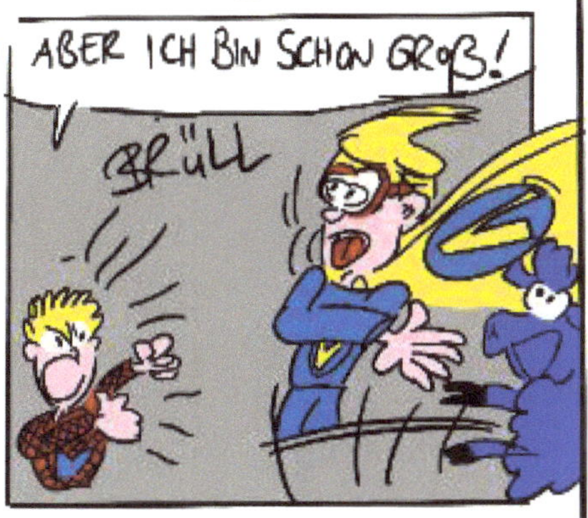

ABER ICH BIN SCHON GROSS!
BRÜLL

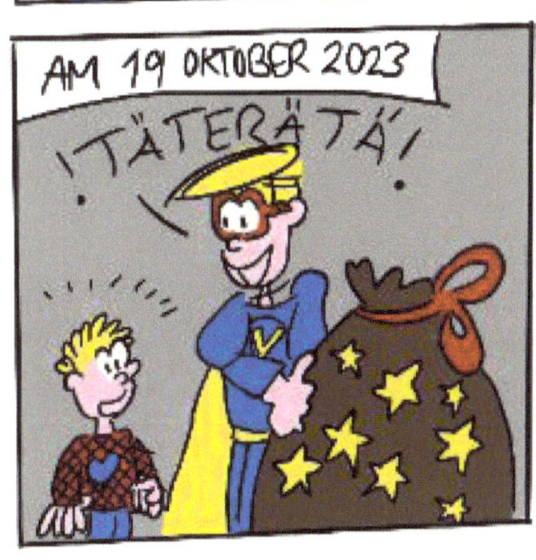

AM 19 OKTOBER 2023
!TÄTERÄTÄ!

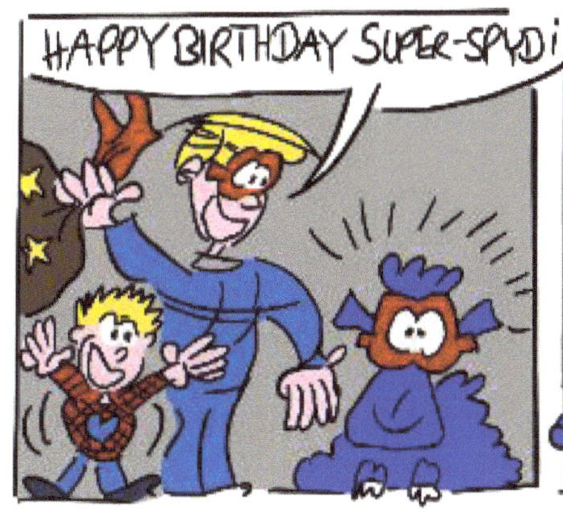

HAPPY BIRTHDAY SUPER-SPYDi

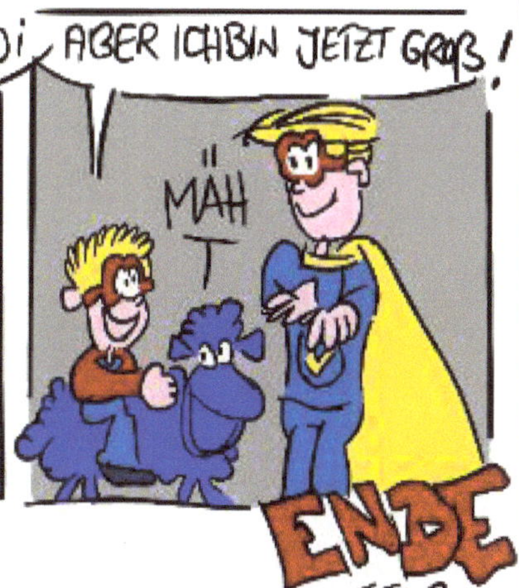

ABER ICH BIN JETZT GROSS!
MÄH T
ENDE
NESTOR

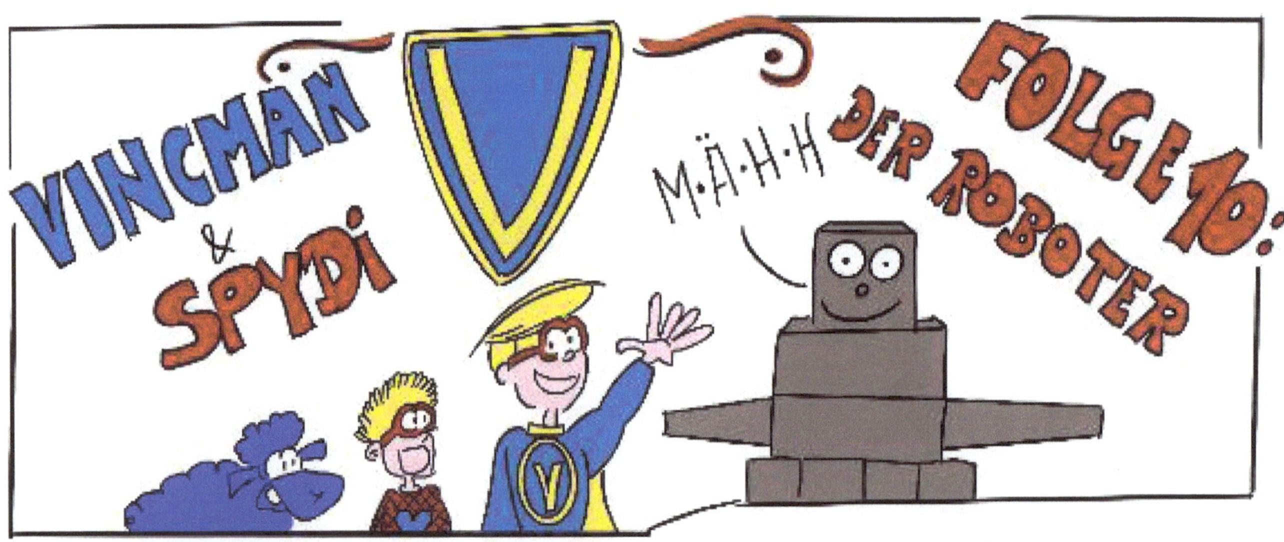

VINCMAN & SPYDI
M·Ä·H·H
FOLGE 10: DER ROBOTER

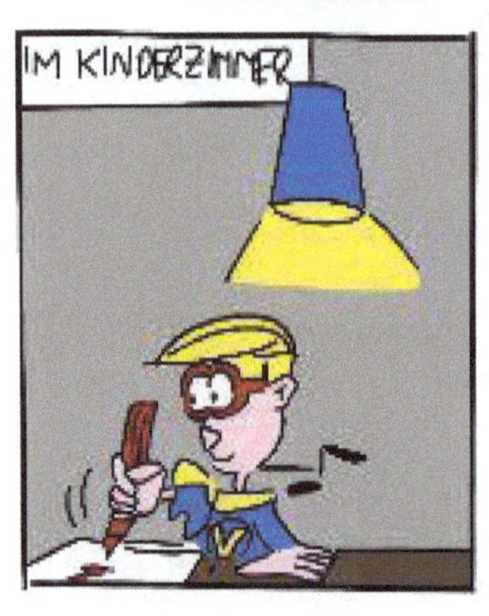

IM KINDERZIMMER

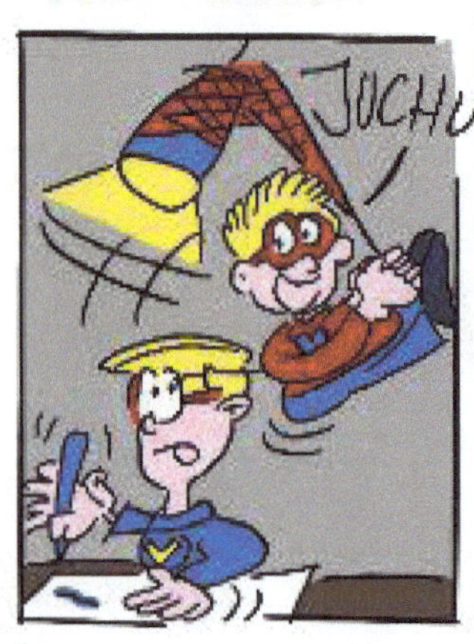

JUCHU

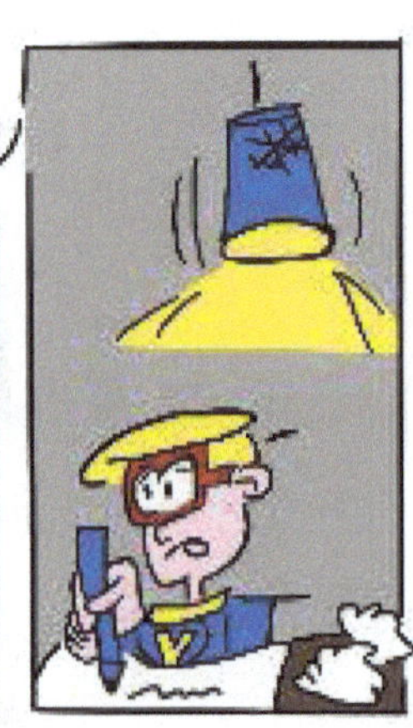

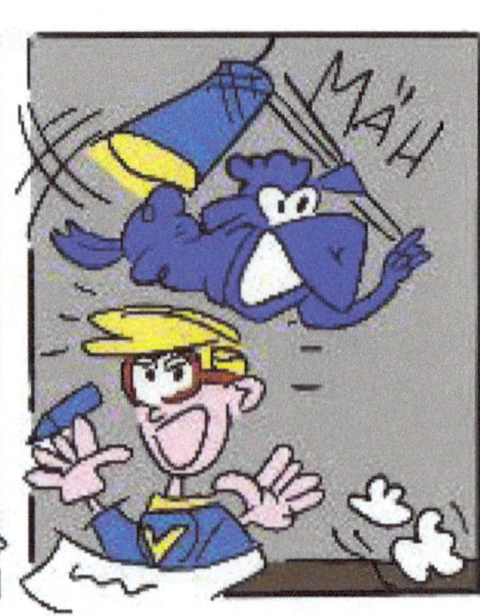

MÄH

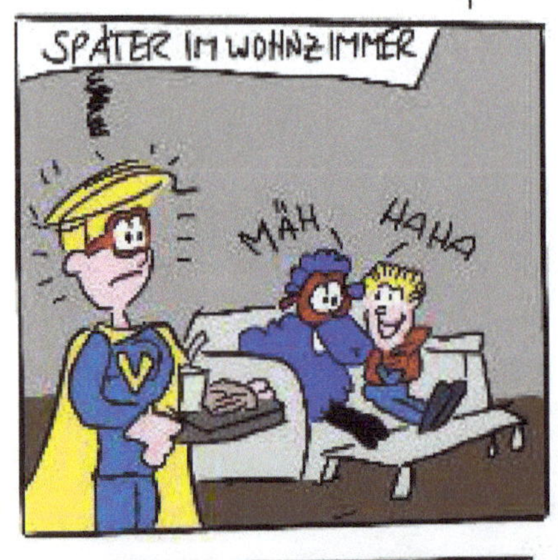

SPÄTER IM WOHNZIMMER
MÄH
HAHA

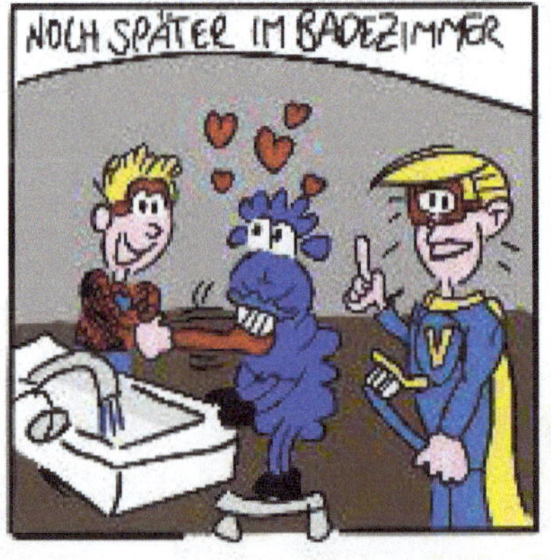

NOCH SPÄTER IM BADEZIMMER

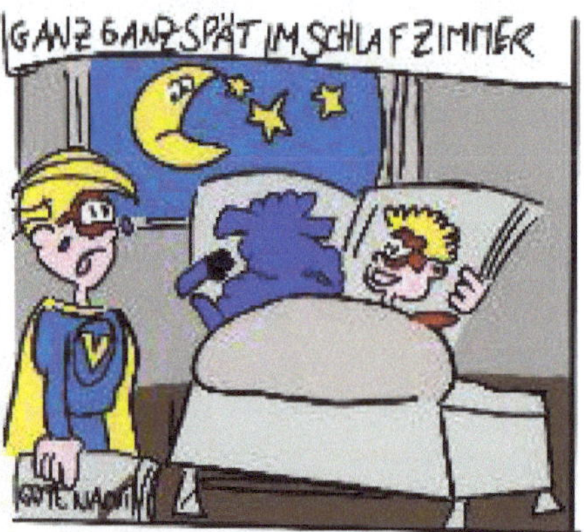

GANZ GANZ SPÄT IM SCHLAFZIMMER
GUTE NACHT

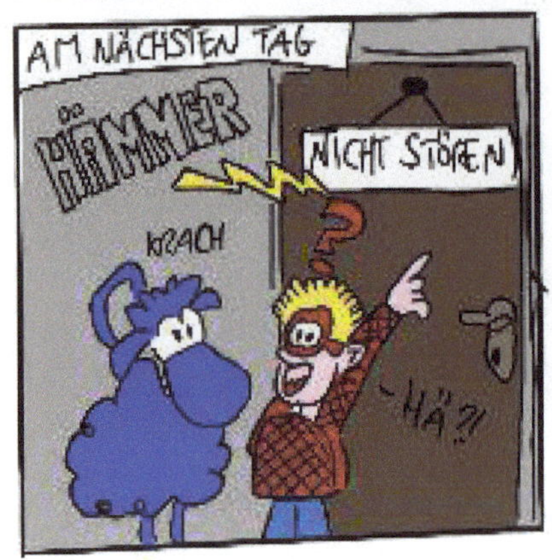

AM NÄCHSTEN TAG
HÄMMER
KRACH
NICHT STÖREN
HÄ?!

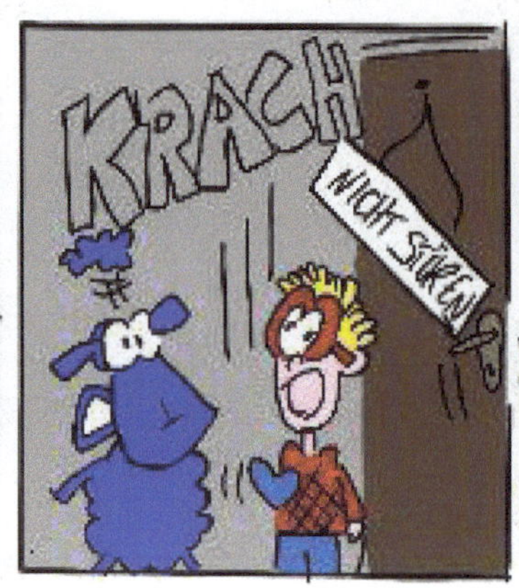

KRACH
NICHT STÖREN

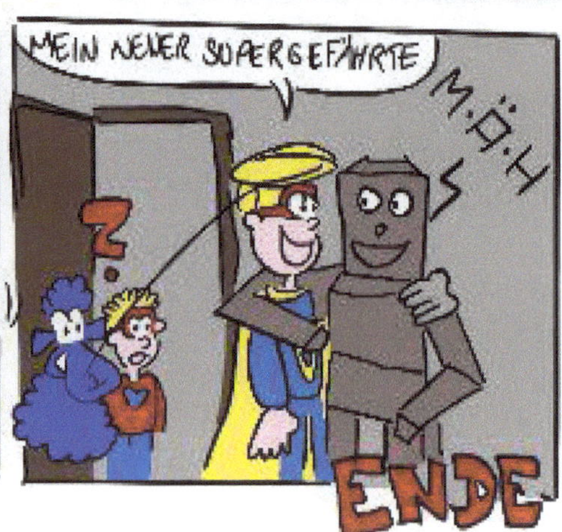

MEIN NEUER SUPERGEFÄHRTE
M·Ä·H
?
ENDE

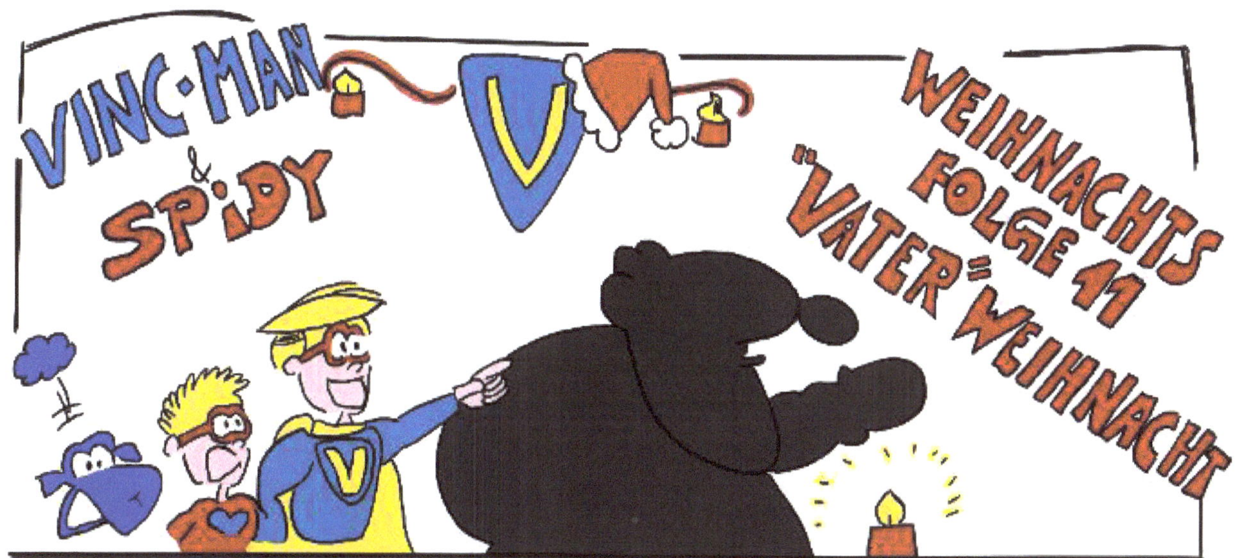

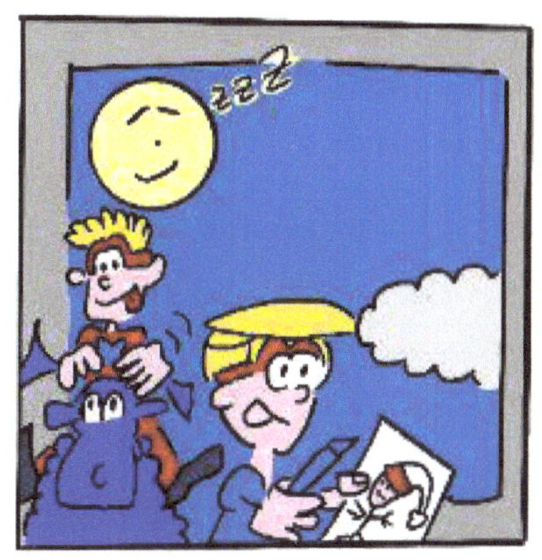

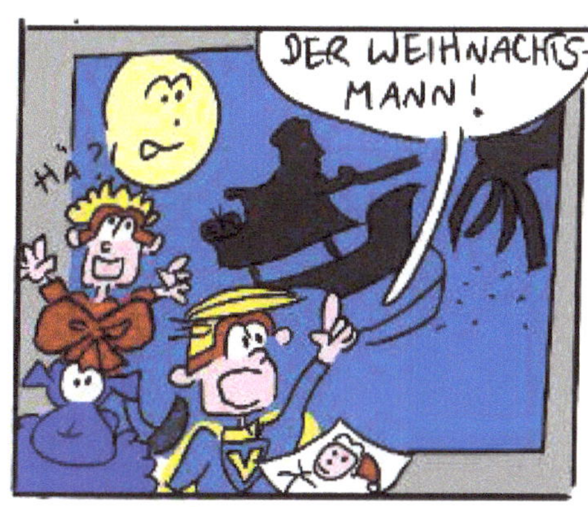

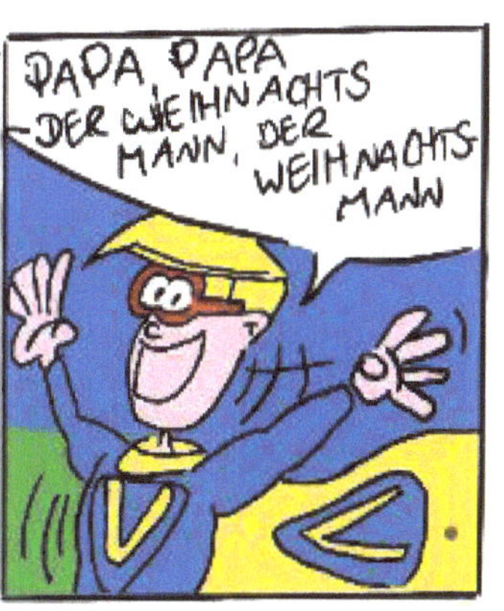

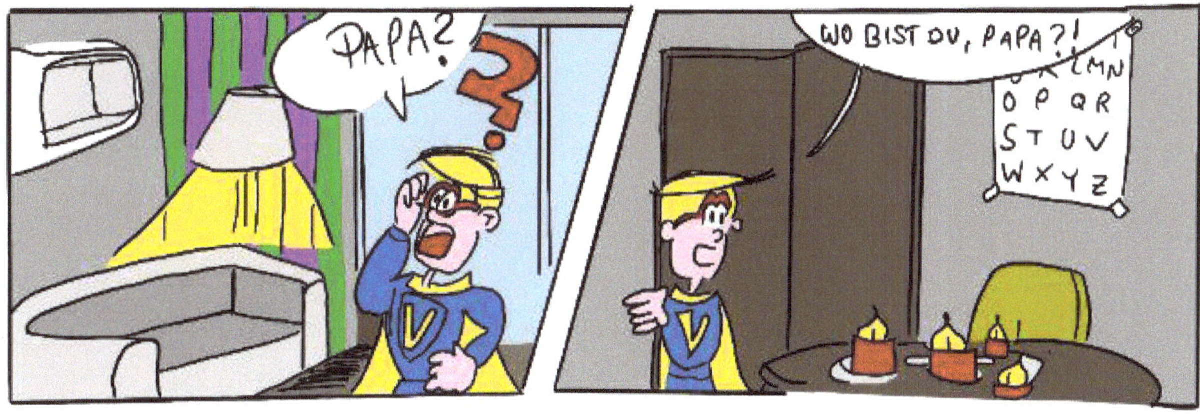

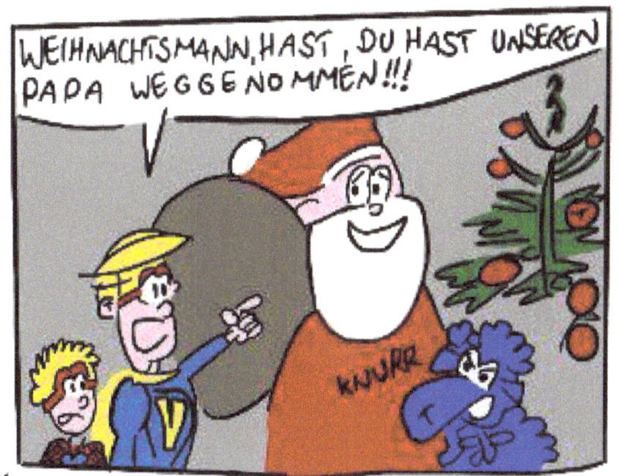

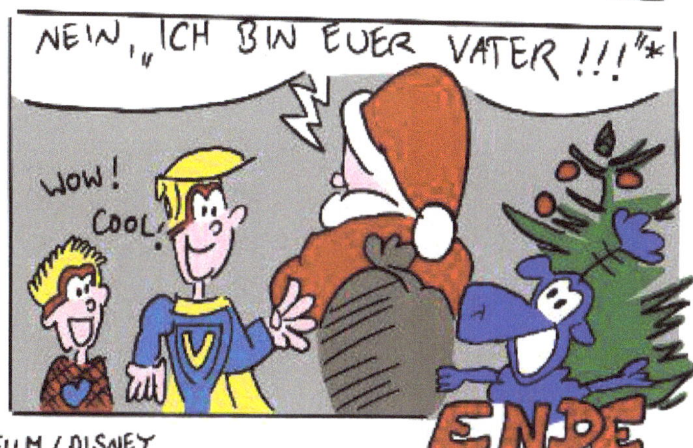

*©MIT FREUDLICHER GENEHMIGUNG VON LUKASFILM / DISNEY

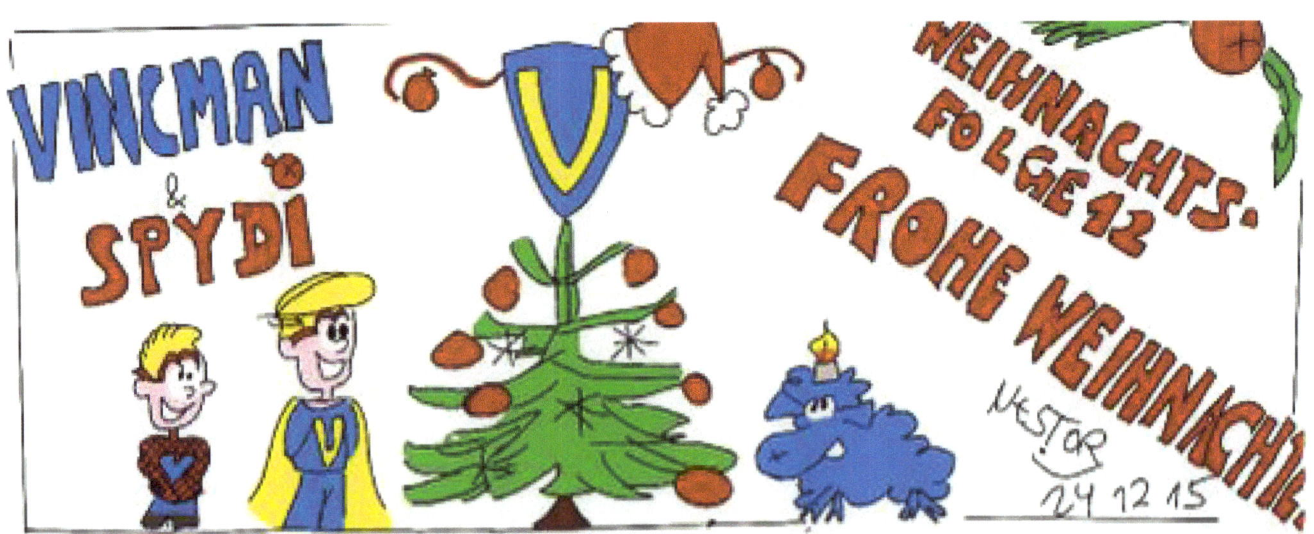

VINCMAN
& SPYDI
WEIHNACHTS-
FOLGE 12
FROHE WEIHNACHTEN
NESTOR
24 12 15

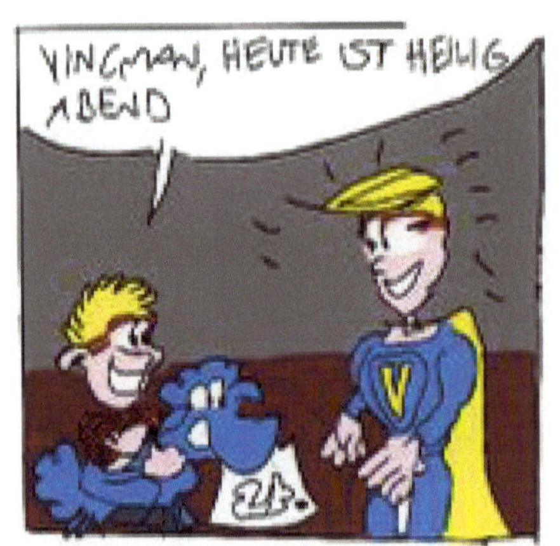

VINCMAN, HEUTE IST HEILIG ABEND

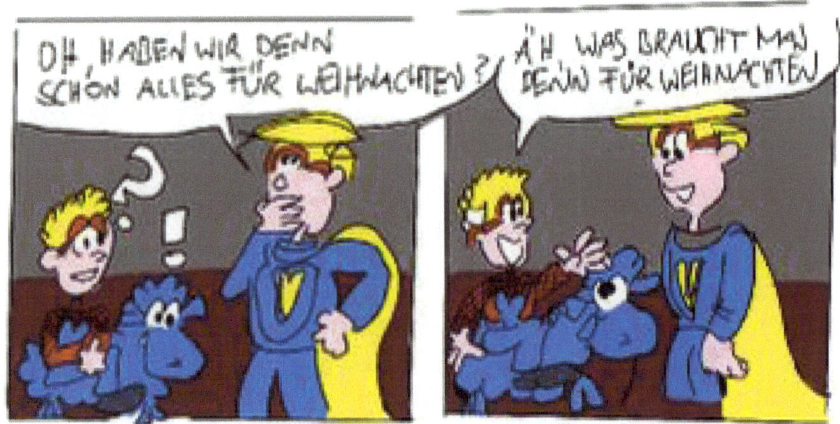

OH, HABEN WIR DENN SCHON ALLES FÜR WEIHNACHTEN?
ÄH, WAS BRAUCHT MAN DENN FÜR WEIHNACHTEN

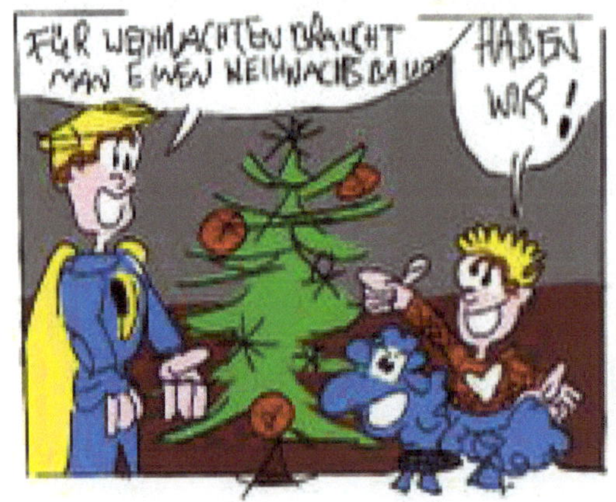

FÜR WEIHNACHTEN BRAUCHT MAN EINEN WEIHNACHTSBAUM
HABEN WIR!

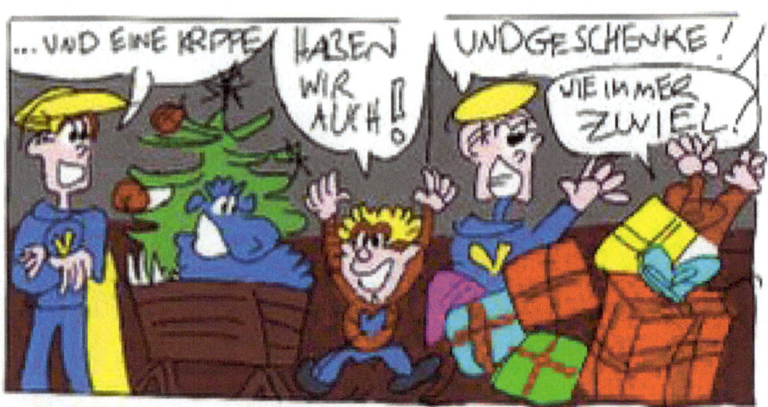

...UND EINE KRIPPE
HABEN WIR AUCH!
UND GESCHENKE!
WIE IMMER ZUVIEL!

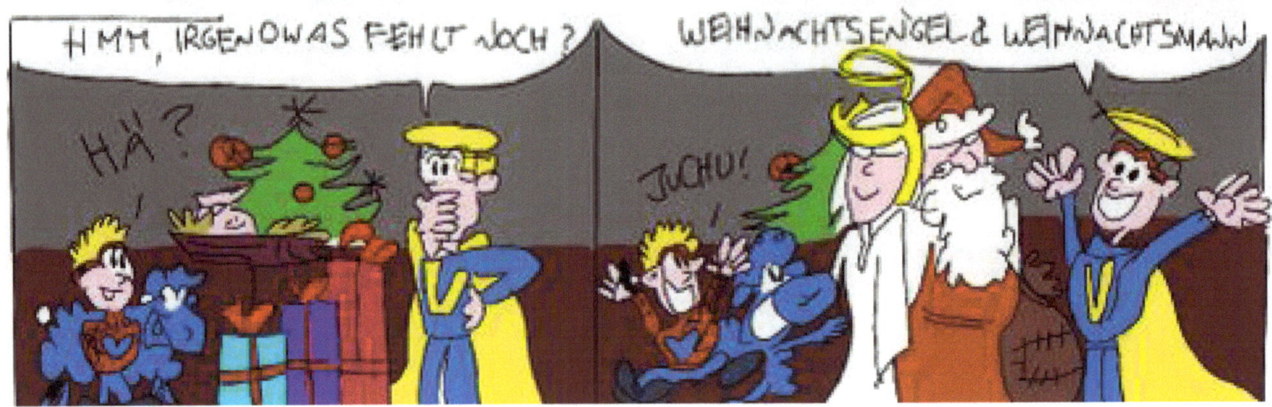

HMM, IRGENDWAS FEHLT NOCH?
HÄ?
WEIHNACHTSENGEL & WEIHNACHTSMANN
JUCHU!

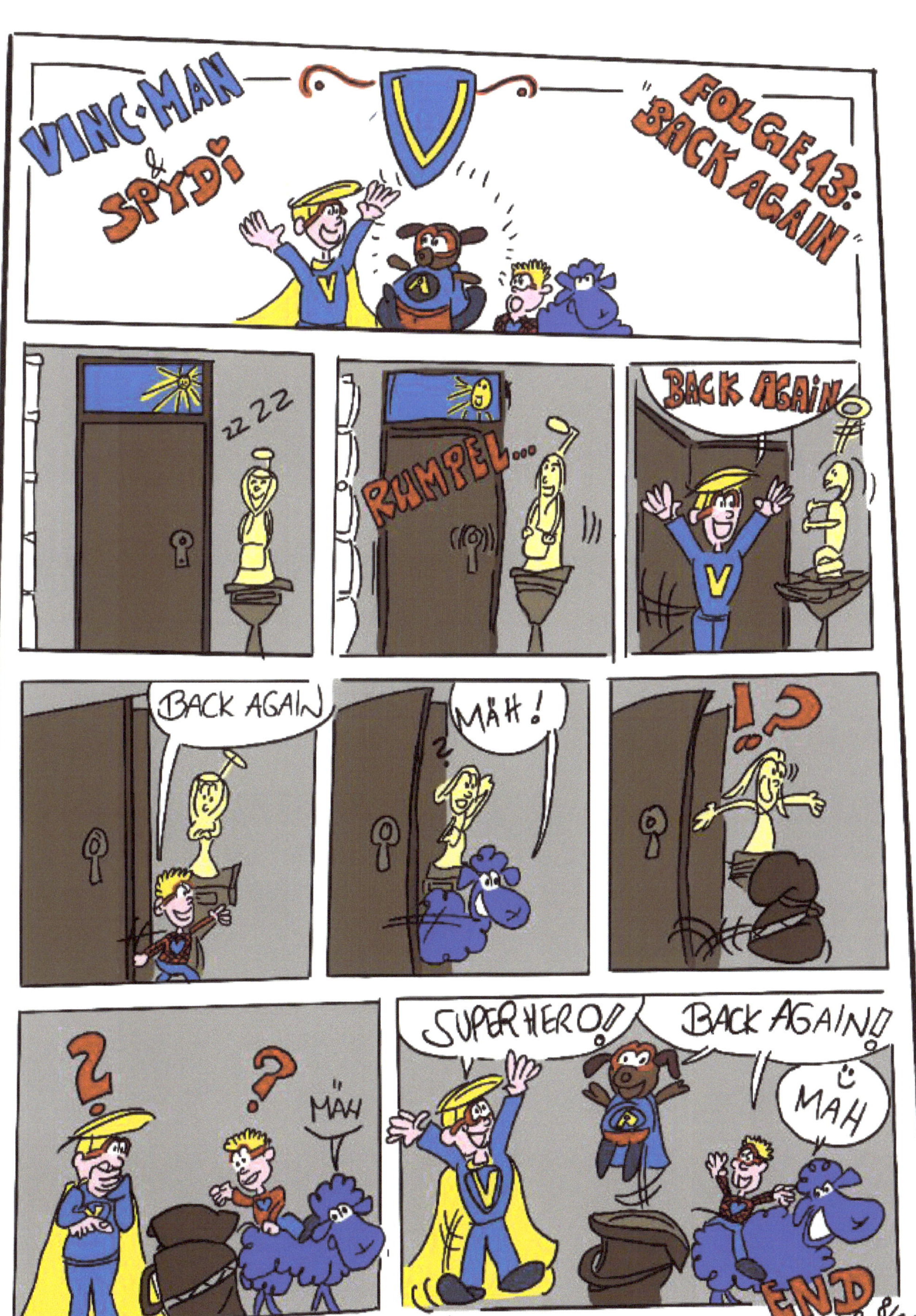

VINC-MAN & SPYDI
FOLGE 13: "BACK AGAIN"
zz zz
RUMPEL...
BACK AGAIN
BACK AGAIN
MÄH!
!?
?
?
MÄH
SUPER HERO!!
BACK AGAIN!!
MÄH
END
NESTOR 8/1/23

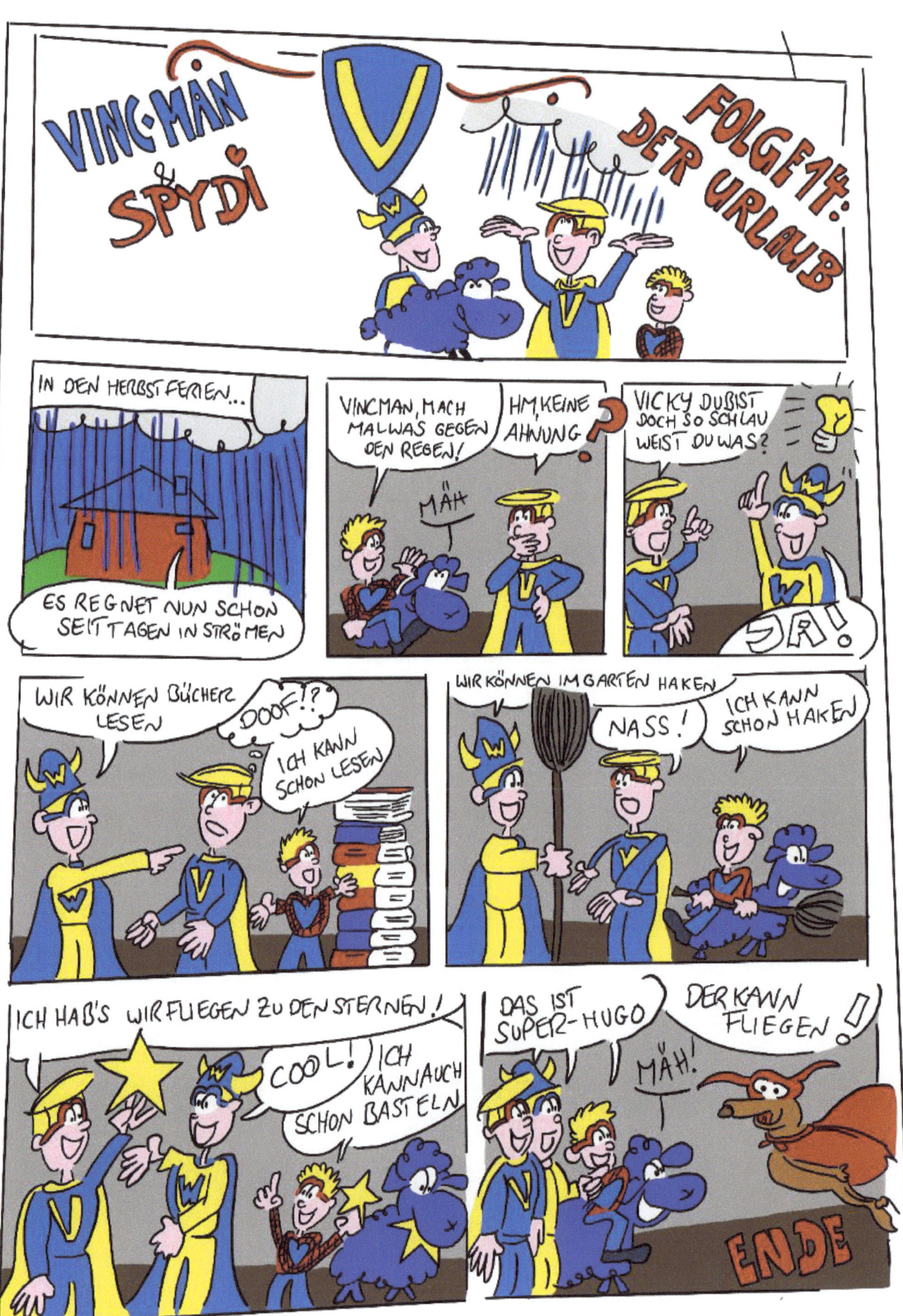

VINC-MAN & SPYDI
FOLGE 14: DER URLAUB
IN DEN HERBSTFERIEN...
ES REGNET NUN SCHON SEIT TAGEN IN STRÖMEN
VINCMAN, MACH MAL WAS GEGEN DEN REGEN!
HM, KEINE AHNUNG
MÄH
VICKY DU BIST DOCH SO SCHLAU WEIST DU WAS?
JA!
WIR KÖNNEN BÜCHER LESEN
DOOF!?
ICH KANN SCHON LESEN
WIR KÖNNEN IM GARTEN HAKEN
NASS!
ICH KANN SCHON HAKEN
ICH HAB'S WIR FLIEGEN ZU DEN STERNEN!
COOL! ICH KANN AUCH SCHON BASTELN
DAS IST SUPER-HUGO
DER KANN FLIEGEN!
MÄH!
ENDE

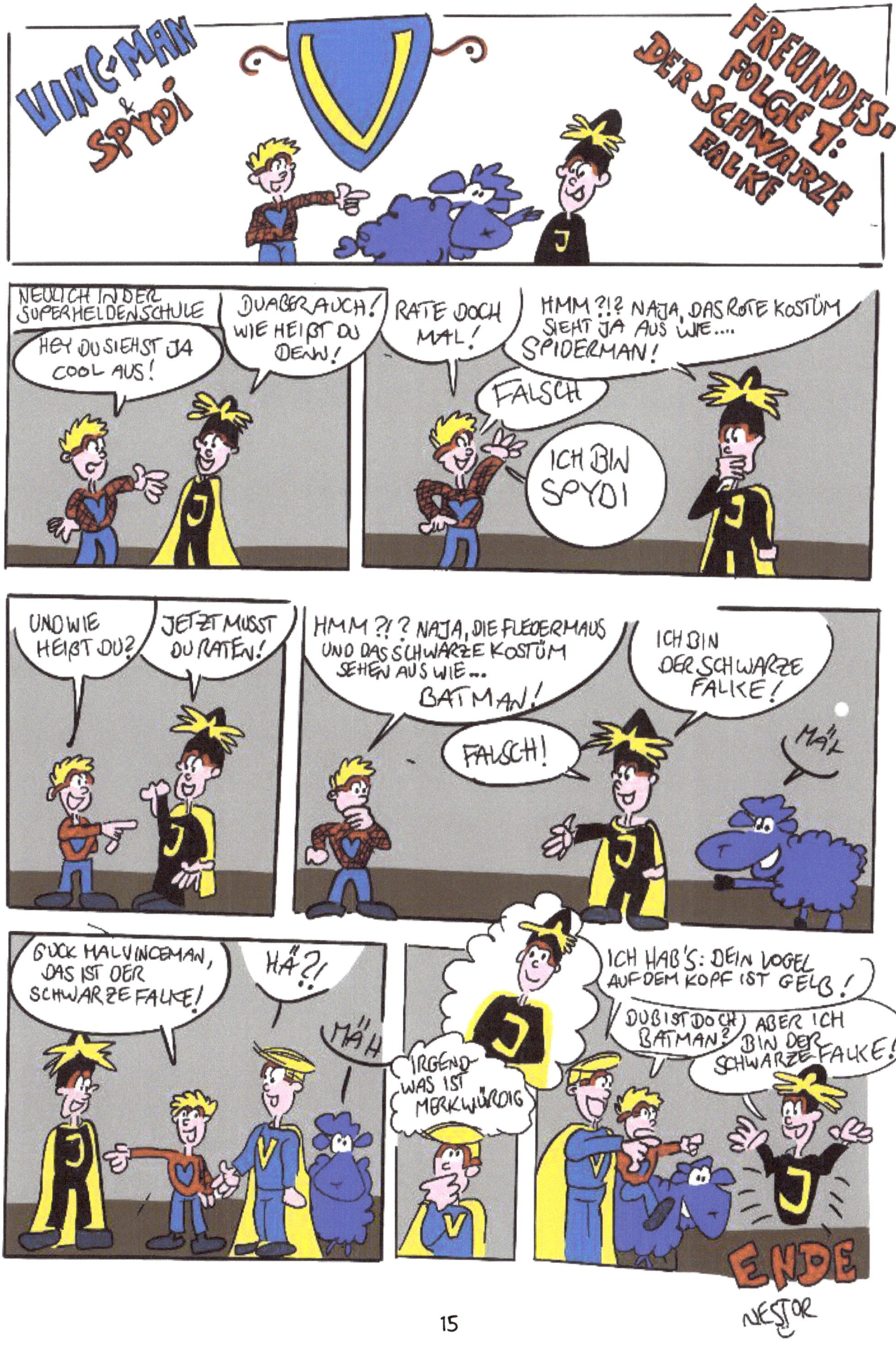

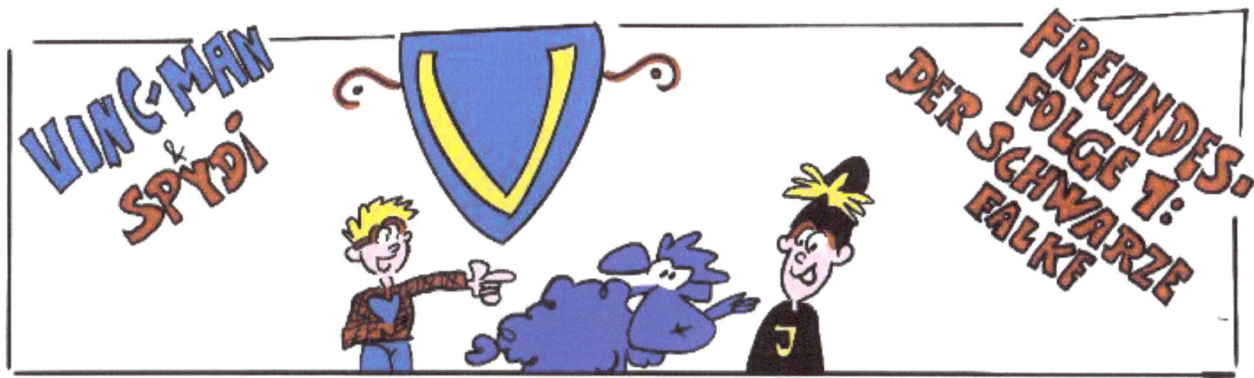

VINCMAN & SPYDI
FREUNDES FOLGE 1: DER SCHWARZE FALKE

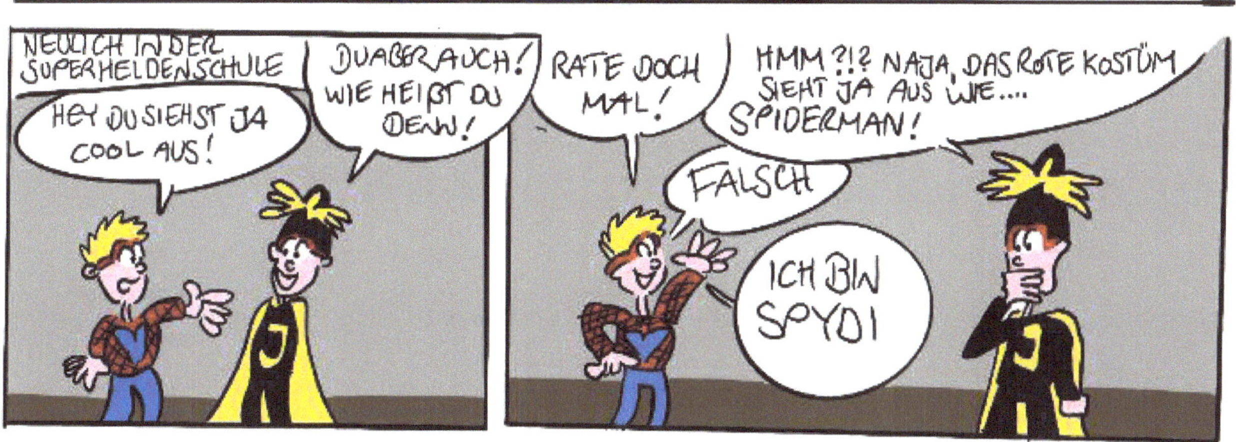

NEULICH IN DER SUPERHELDENSCHULE
HEY DU SIEHST JA COOL AUS!
DU ABER AUCH! WIE HEIßT DU DENN!
RATE DOCH MAL!
HMM ?!? NAJA, DAS ROTE KOSTÜM SIEHT JA AUS WIE.... SPIDERMAN!
FALSCH
ICH BIN SPYDI
UND WIE HEIßT DU?
JETZT MUSST DU RATEN!
HMM ?!? NAJA, DIE FLEDERMAUS UND DAS SCHWARZE KOSTÜM SEHEN AUS WIE... BATMAN!
FALSCH!
ICH BIN DER SCHWARZE FALKE!
MÄK

GUCK MAL VINCMAN, DAS IST DER SCHWARZE FALKE!
HÄ?!
MÄH
IRGENDWAS IST MERKWÜRDIG
ICH HAB'S: DEIN VOGEL AUF DEM KOPF IST GELB!
DU BIST DOCH BATMAN?
ABER ICH BIN DER SCHWARZE FALKE!
ENDE
NESTOR

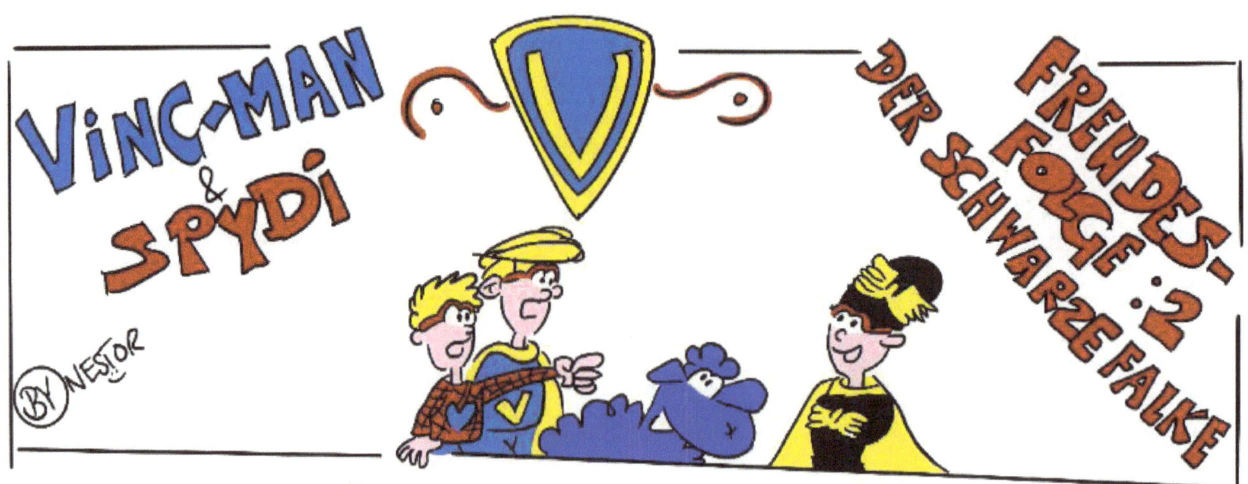

VINC-MAN & SPYDI
BY NESTOR
FREUDES-FOLGE :2
DER SCHWARZE FALKE

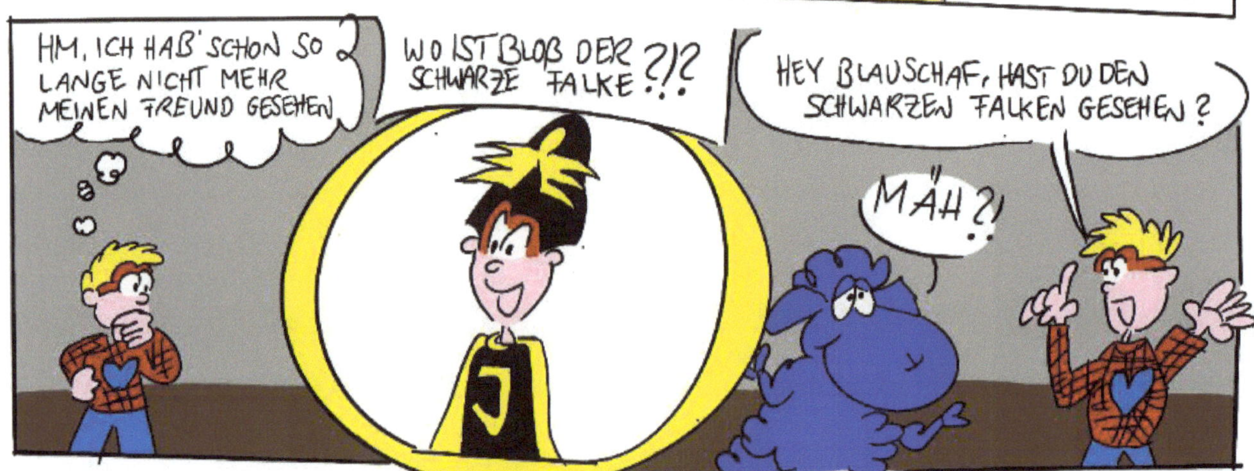

HM, ICH HAB' SCHON SO LANGE NICHT MEHR MEINEN FREUND GESEHEN
WO IST BLOß DER SCHWARZE FALKE ?!?
HEY BLAUSCHAF, HAST DU DEN SCHWARZEN FALKEN GESEHEN ?
MÄH ?!

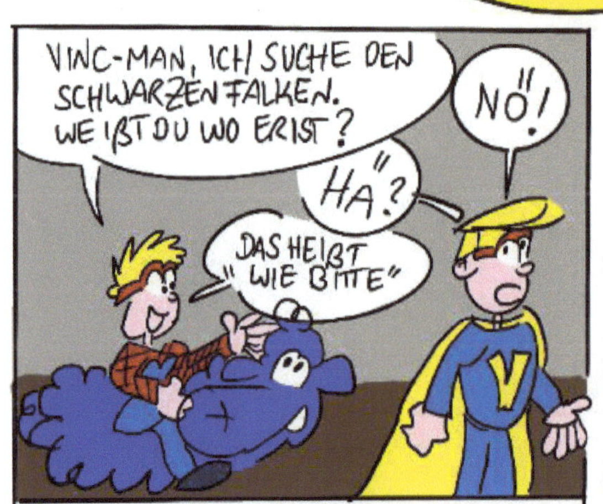

VINC-MAN, ICH SUCHE DEN SCHWARZEN FALKEN. WEIßT DU WO ER IST ?
NO"!
HA"?
DAS HEIßT "WIE BITTE"

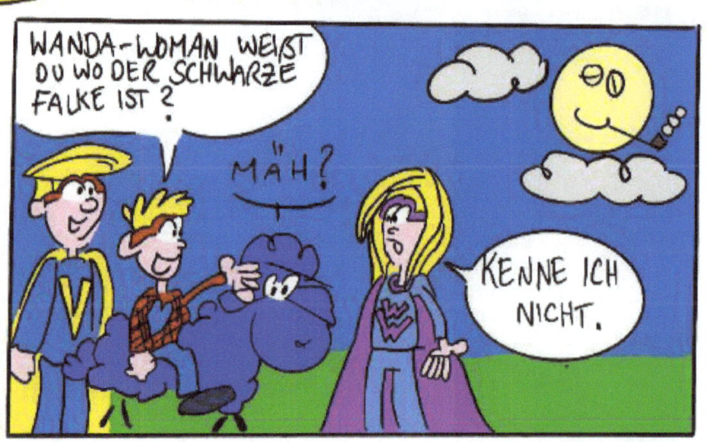

WANDA-WOMAN WEIßT DU WO DER SCHWARZE FALKE IST ?
MÄH ?
KENNE ICH NICHT.

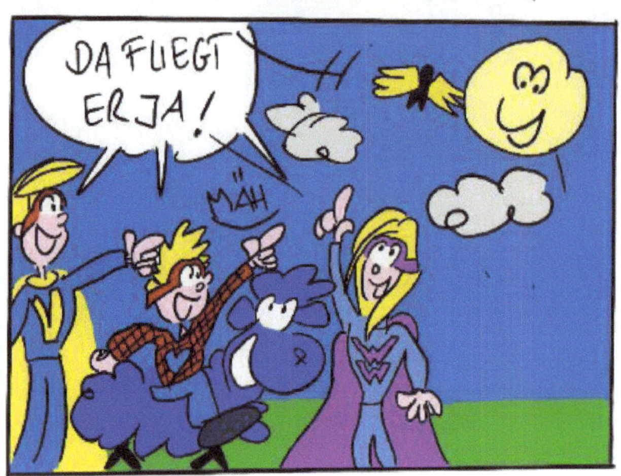

DA FLIEGT ER JA !
MÄH

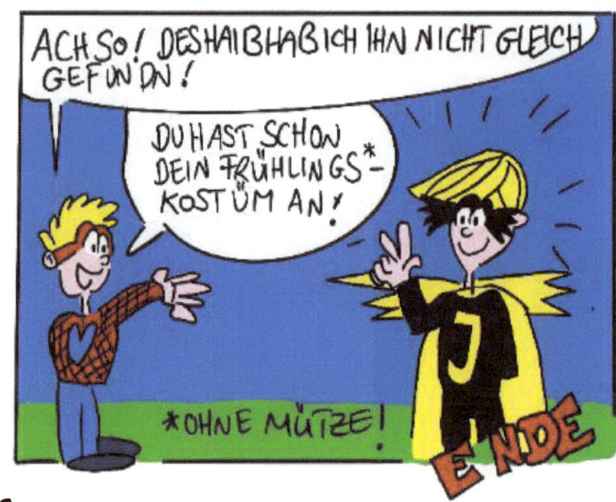

ACH SO! DESHALB HAB ICH IHN NICHT GLEICH GEFUN'DN !
DU HAST SCHON DEIN FRÜHLINGS-* KOSTÜM AN !
*OHNE MÜTZE!
ENDE

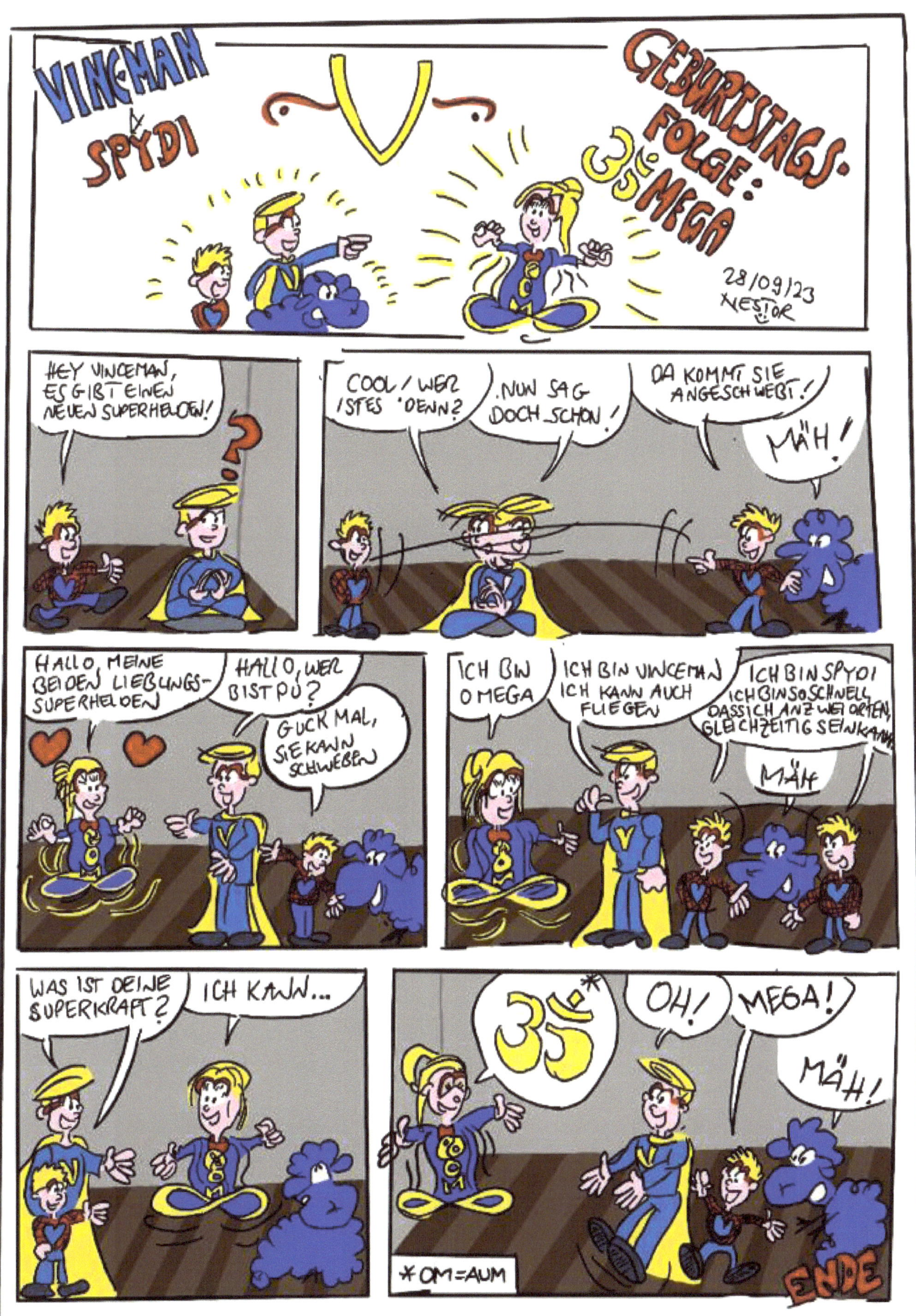

VINCEMAN & SPYDI
GEBURTSTAGS-FOLGE: 35. MEGA
28/09/23
NESTOR
HEY VINCEMAN, ES GIBT EINEN NEUEN SUPERHELDEN!
COOL! WER IST ES DENN?
NUN SAG DOCH SCHON!
DA KOMMT SIE ANGESCHWEBT!
MÄH!
HALLO, MEINE BEIDEN LIEBLINGS-SUPERHELDEN
HALLO, WER BIST DU?
GUCK MAL, SIE KANN SCHWEBEN
ICH BIN OMEGA
ICH BIN VINCEMAN ICH KANN AUCH FLIEGEN
ICH BIN SPYDI ICH BIN SO SCHNELL DASS ICH AN ZWEI ORTEN GLEICHZEITIG SEIN KANN
MÄH
WAS IST DEINE SUPERKRAFT?
ICH KANN...
OM*
OH!
MEGA!
MÄH!
*OM=AUM
ENDE

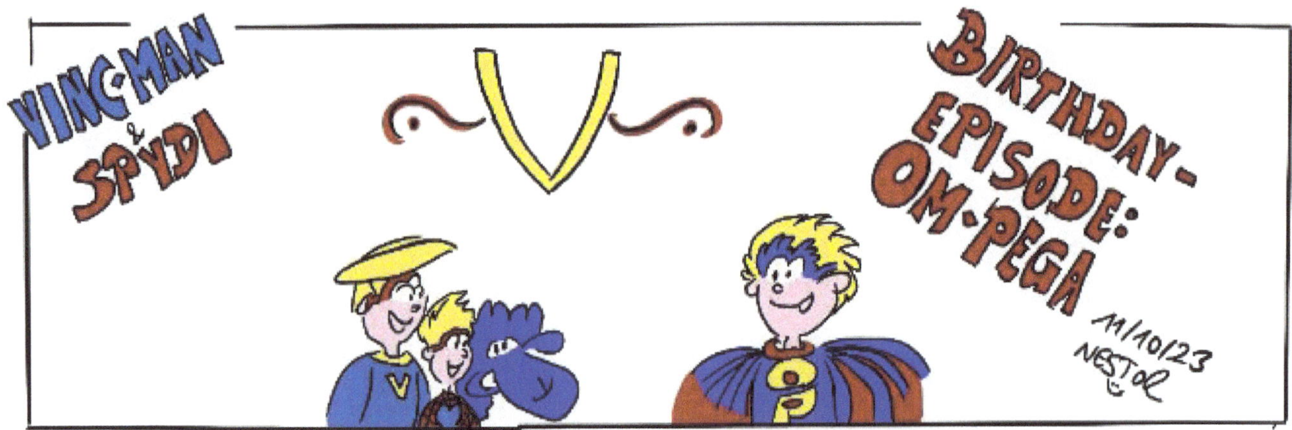

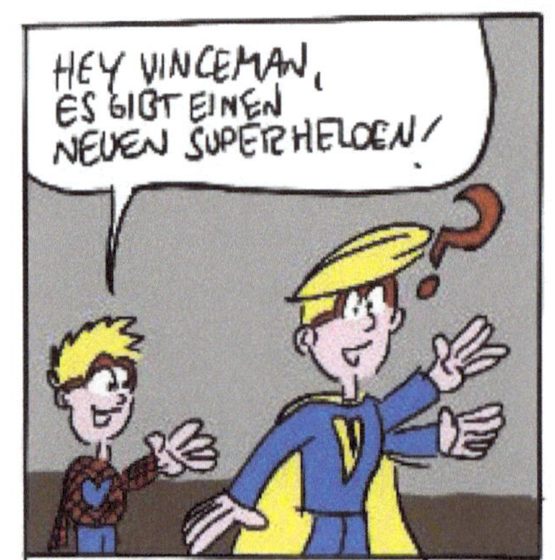

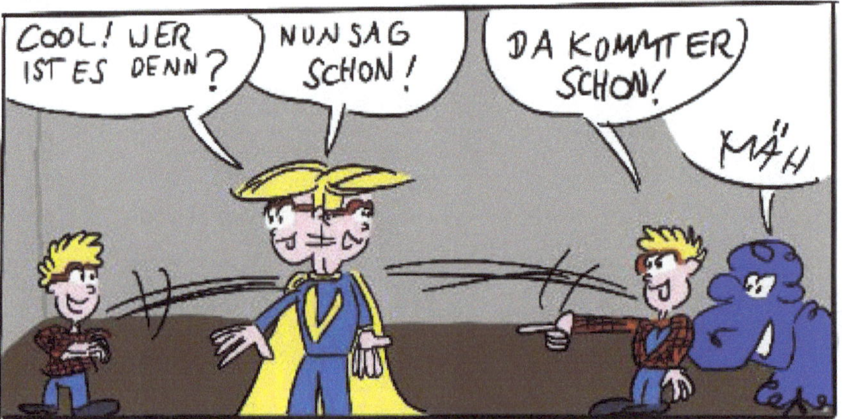

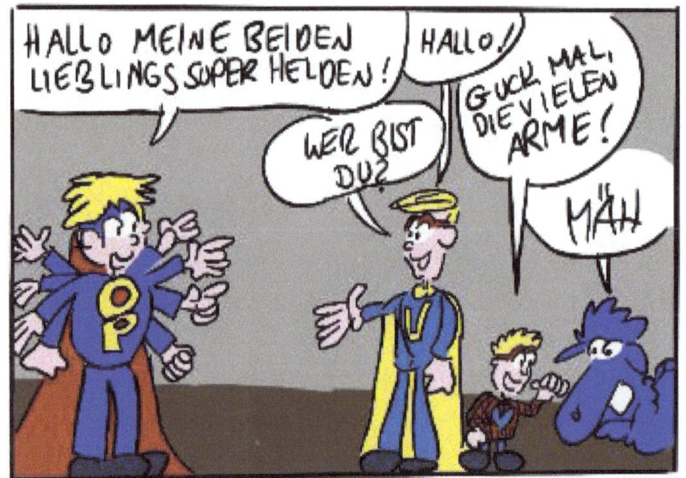

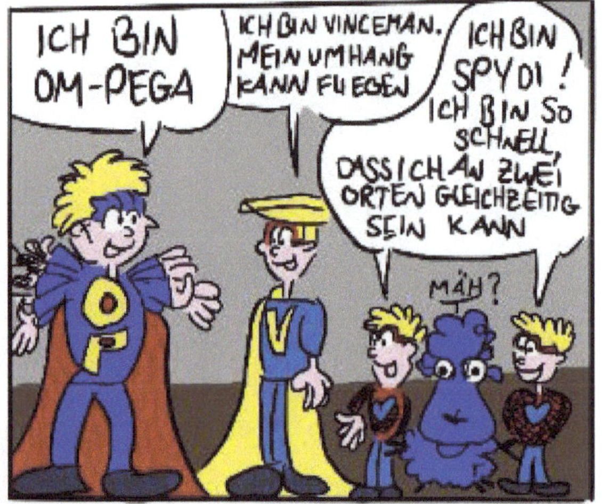

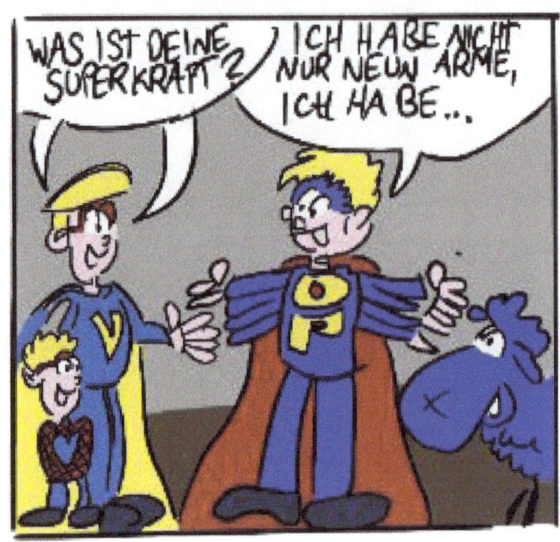

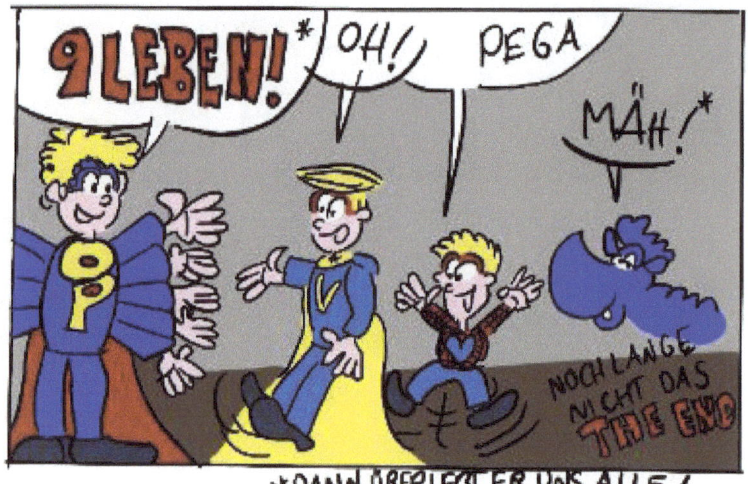

*DANN ÜBERLEGT ER UNS ALLE!

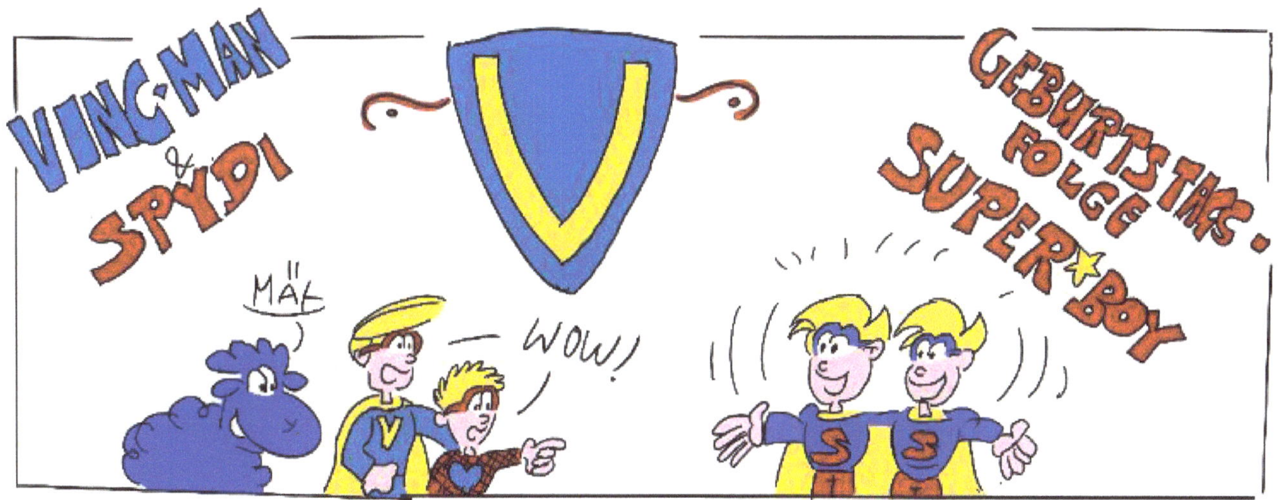

VING-MAN & SPYDI
GEBURTSTAGS-FOLGE: SUPER-BOY
MÄÄ
WOW!

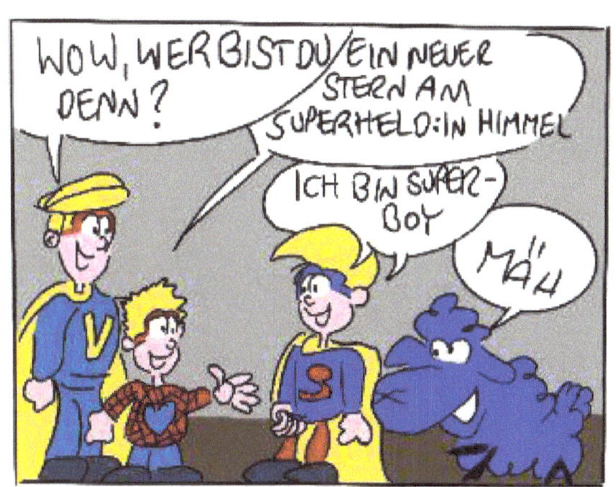

WOW, WER BIST DU DENN?
EIN NEUER STERN AM SUPERHELD:IN HIMMEL
ICH BIN SUPER-BOY
MÄH

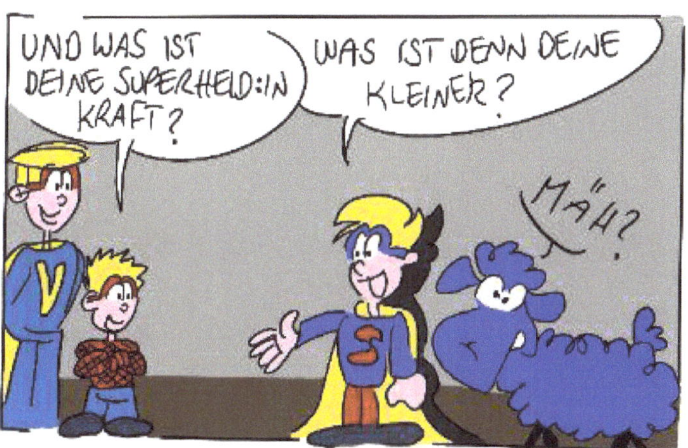

UND WAS IST DEINE SUPERHELD:IN KRAFT?
WAS IST DENN DEINE KLEINER?
MÄÄH?

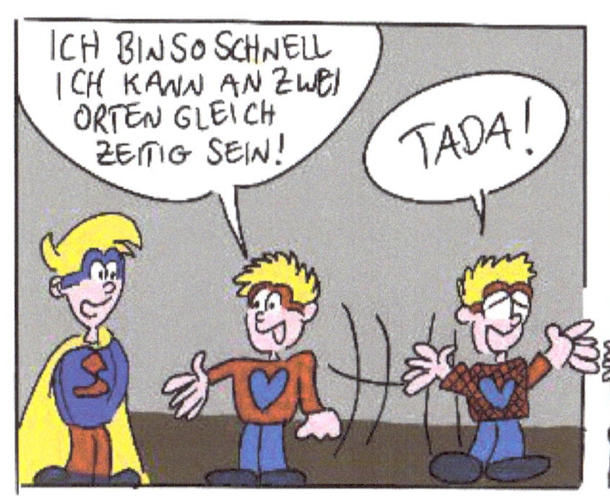

ICH BIN SO SCHNELL ICH KANN AN ZWEI ORTEN GLEICHZEITIG SEIN!
TADA!

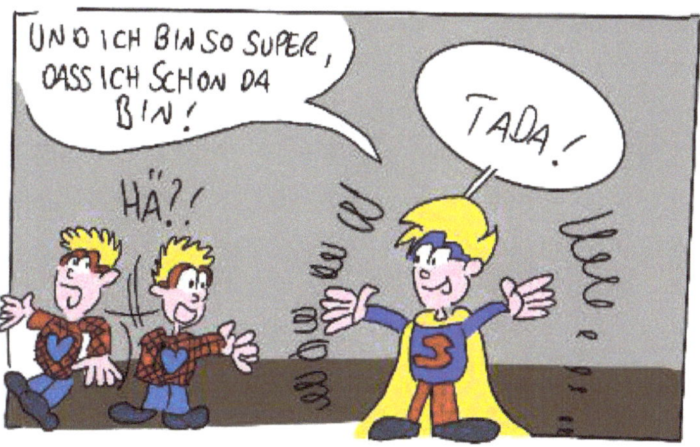

UND ICH BIN SO SUPER, DASS ICH SCHON DA BIN!
HÄ?!
TADA!

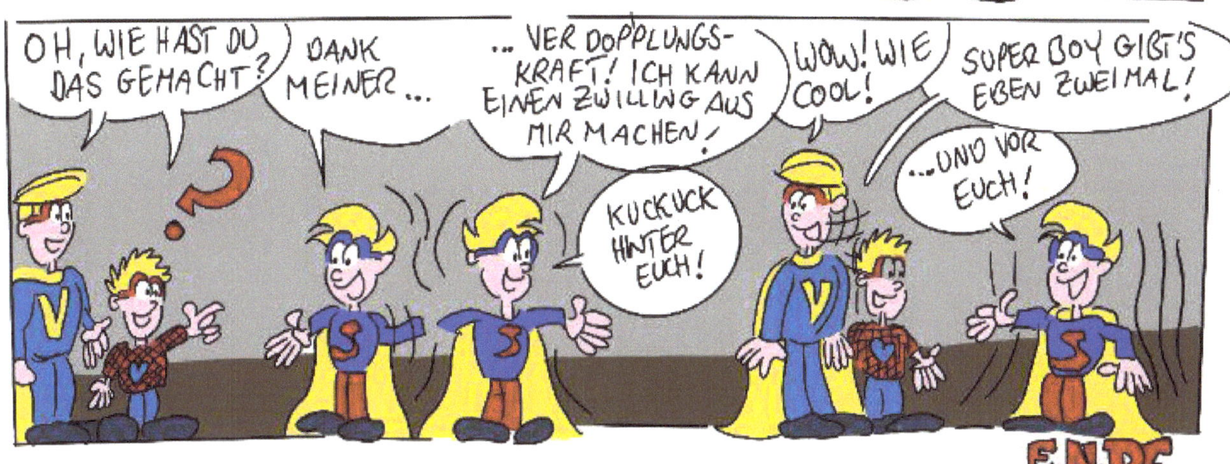

OH, WIE HAST DU DAS GEMACHT?
DANK MEINER ...
... VER DOPPLUNGS-KRAFT! ICH KANN EINEN ZWILLING AUS MIR MACHEN!
KUCKUCK HINTER EUCH!
WOW! WIE COOL!
SUPER BOY GIBT'S EBEN ZWEIMAL!
... UND VOR EUCH!
ENDE

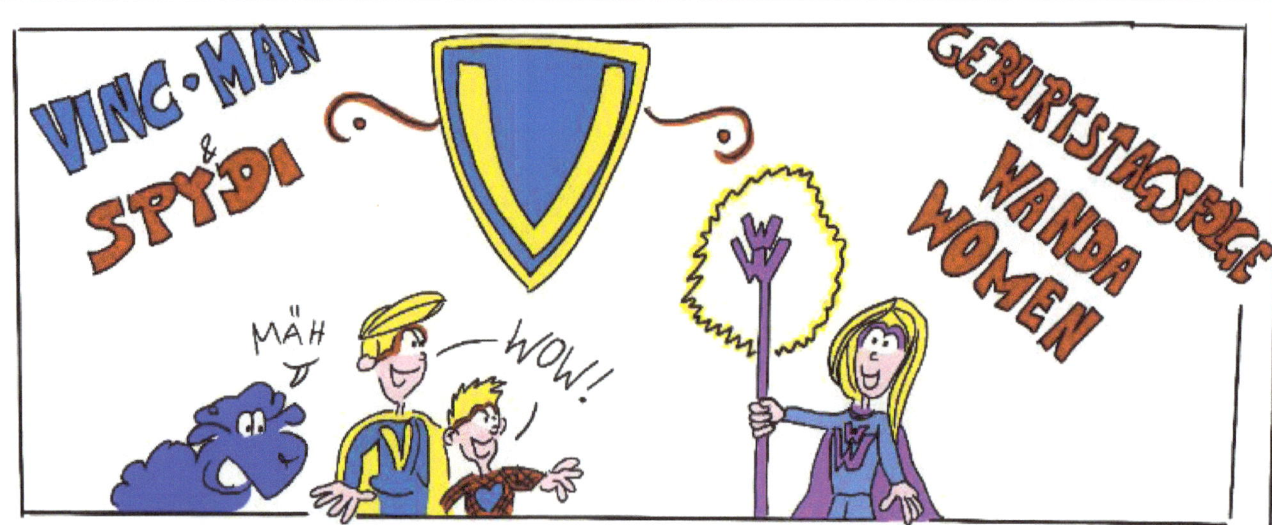

VINC·MAN & SPYDI
GEBURTSTAGSFOLGE
WANDA WOMEN
MÄH
WOW!

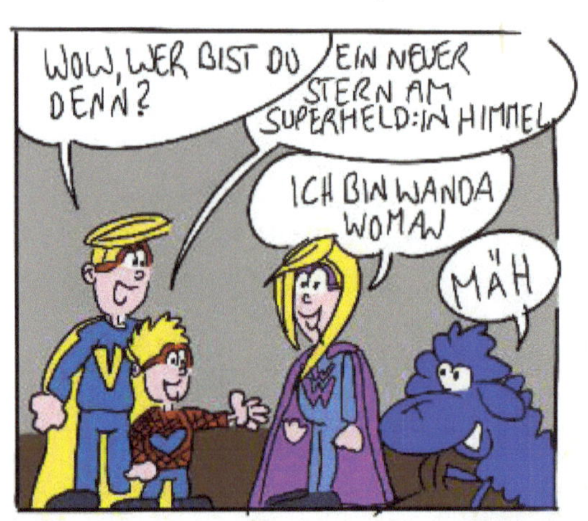

WOW, WER BIST DU DENN?
EIN NEUER STERN AM SUPERHELD:IN HIMMEL
ICH BIN WANDA WOMAN
MÄH

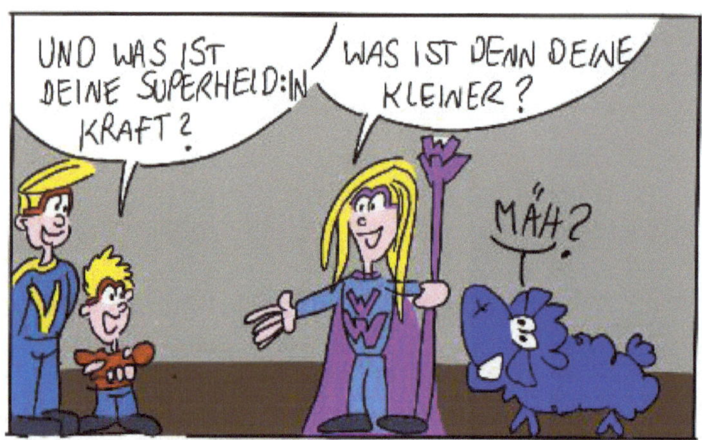

UND WAS IST DEINE SUPERHELD:IN KRAFT?
WAS IST DENN DEINE KLEINER?
MÄH?

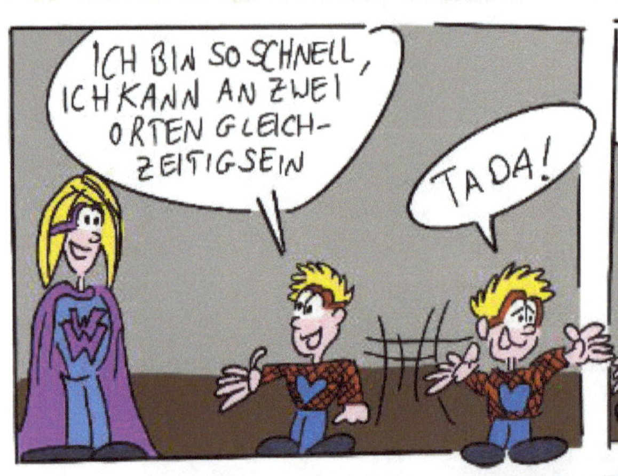

ICH BIN SO SCHNELL, ICH KANN AN ZWEI ORTEN GLEICHZEITIG SEIN
TA DA!

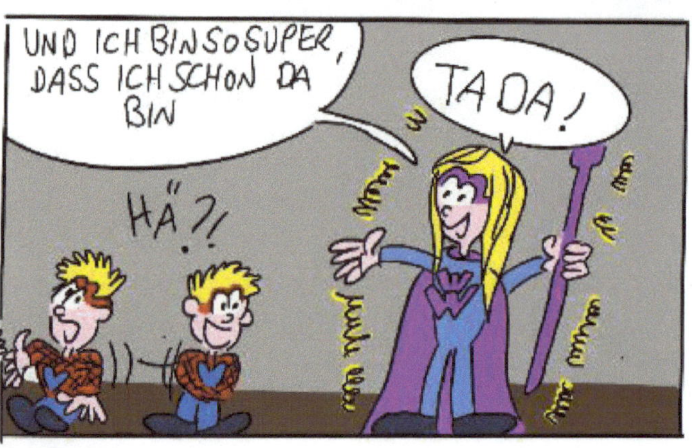

UND ICH BIN SO SUPER, DASS ICH SCHON DA BIN
TA DA!
HÄ?!

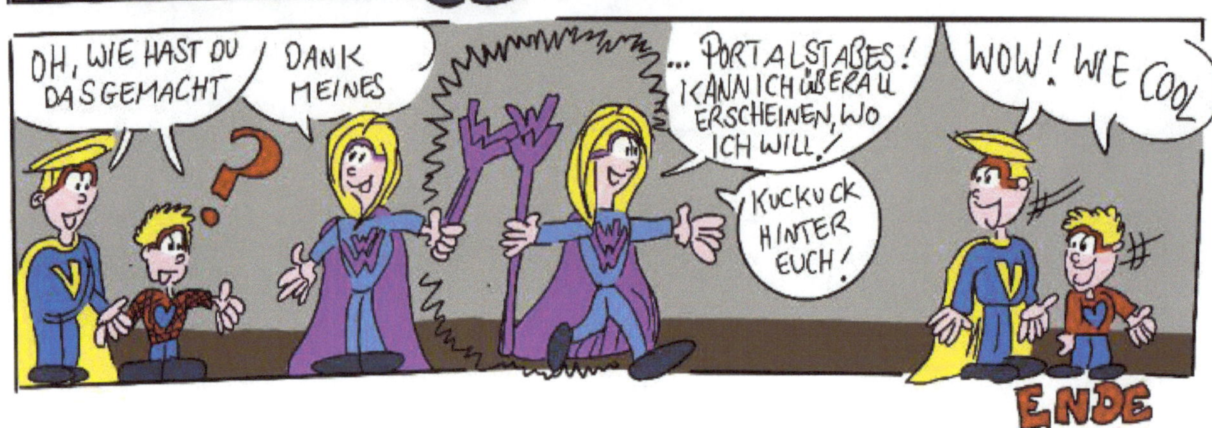

OH, WIE HAST DU DAS GEMACHT
DANK MEINES
... PORTALSTABES! KANN ICH ÜBERALL ERSCHEINEN, WO ICH WILL!
KUCKUCK HINTER EUCH!
WOW! WIE COOL
ENDE

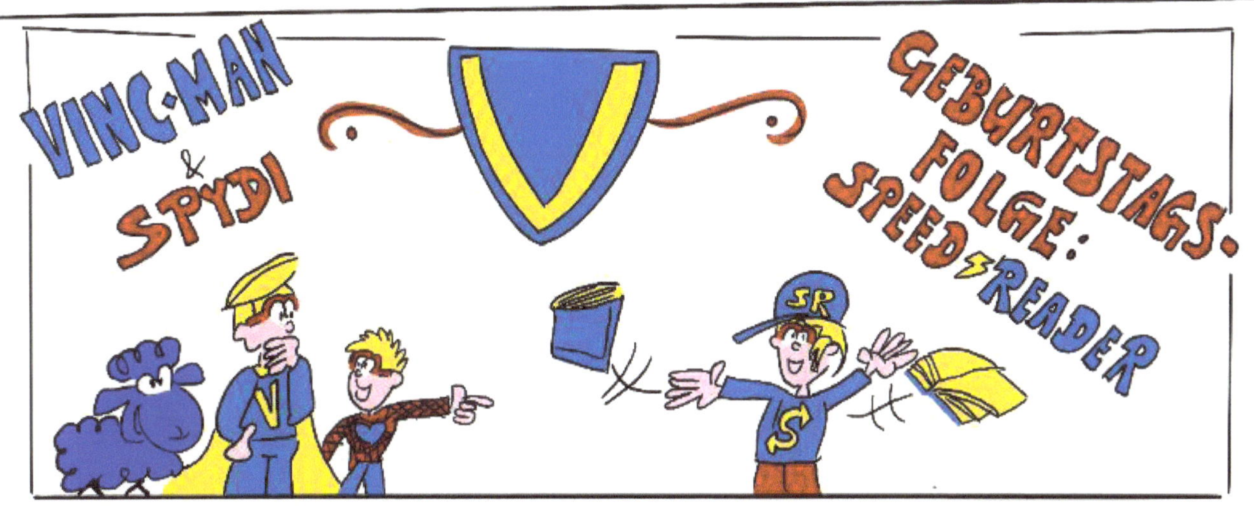

VINC-MAN
&
SPYDI
GEBURTSTAGS-
FOLGE:
SPEED-READER
SR

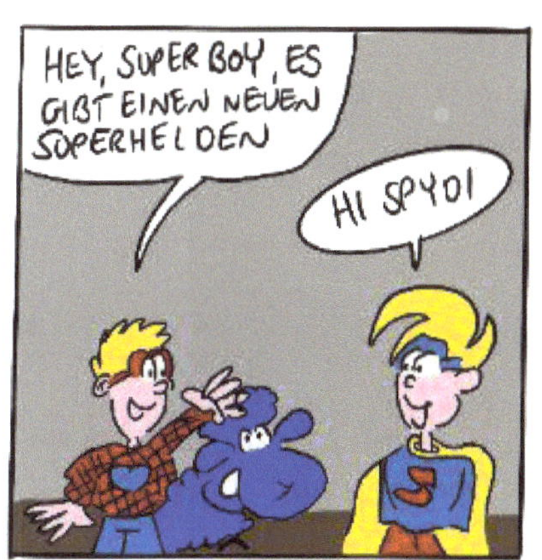

HEY, SUPER BOY, ES GIBT EINEN NEUEN SUPERHELDEN
HI SPYDI

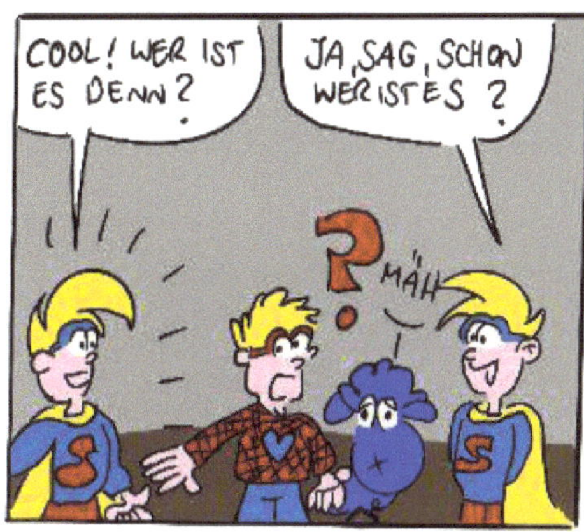

COOL! WER IST ES DENN?
JA, SAG, SCHON WER IST ES?
MÄH

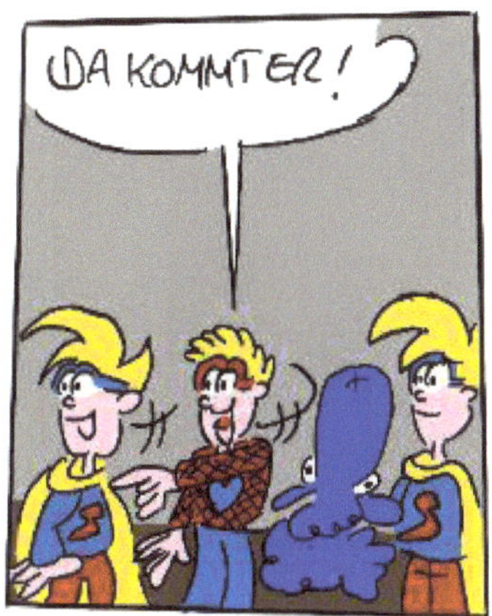

DA KOMMT ER!

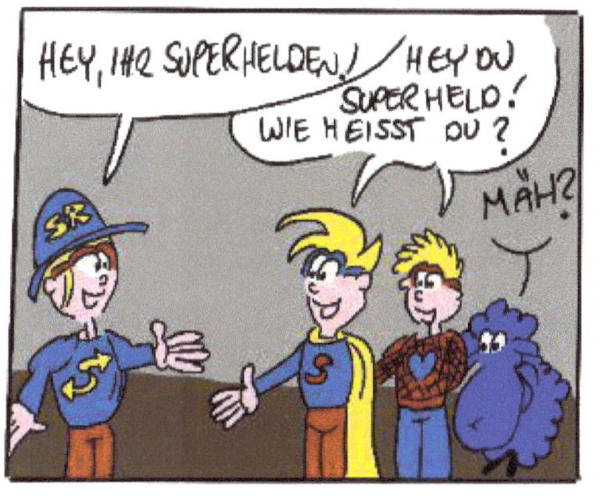

HEY, IHR SUPERHELDEN!
HEY DU SUPERHELD! WIE HEISST DU?
MÄH?

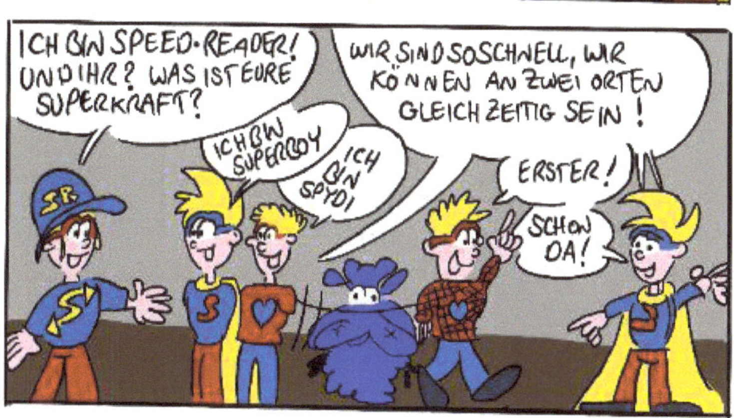

ICH BIN SPEED-READER! UND IHR? WAS IST EURE SUPERKRAFT?
WIR SIND SO SCHNELL, WIR KÖNNEN AN ZWEI ORTEN GLEICHZEITIG SEIN!
ICH BIN SUPERBOY
ICH BIN SPYDI
ERSTER!
SCHON DA!

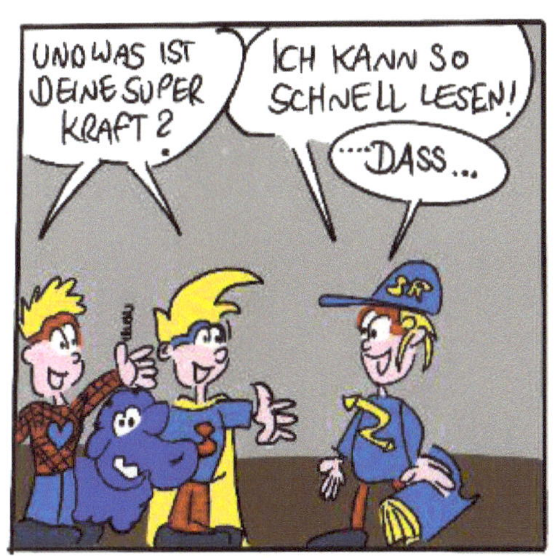

UND WAS IST DEINE SUPERKRAFT?
ICH KANN SO SCHNELL LESEN!
....DASS...

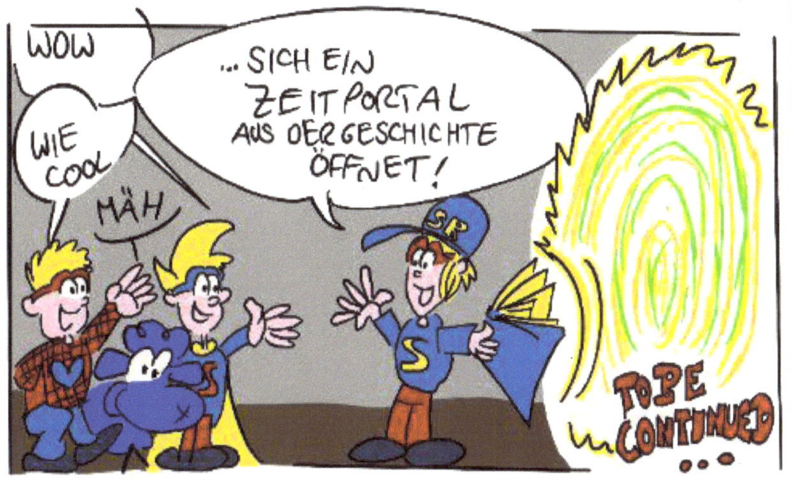

WOW
WIE COOL
MÄH
...SICH EIN ZEITPORTAL AUS DER GESCHICHTE ÖFFNET!
TO BE CONTINUED...

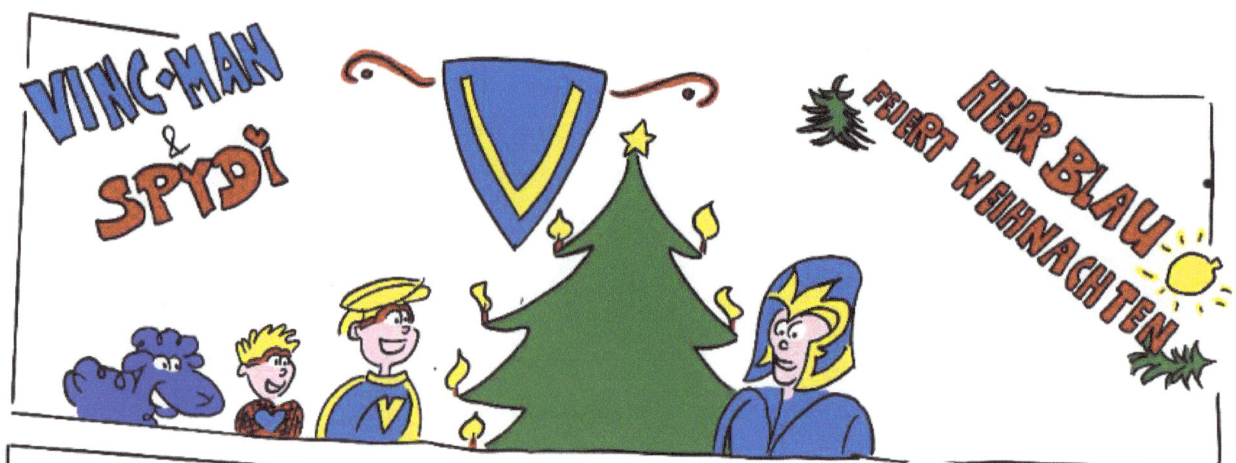

VINC-MAN & SPYDI
HERR BLAU FEIERT WEIHNACHTEN

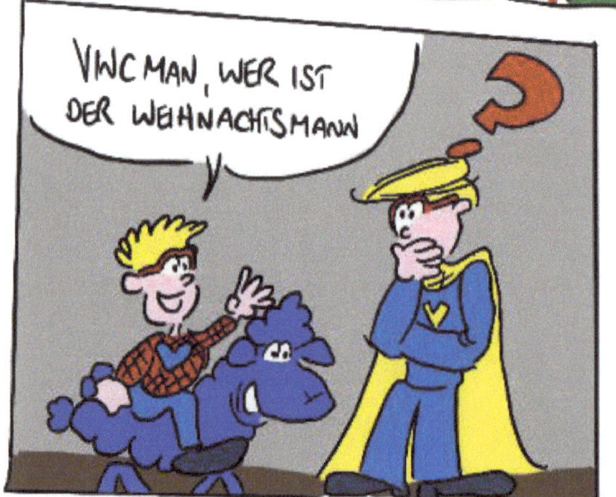

VINC MAN, WER IST DER WEIHNACHTSMANN?

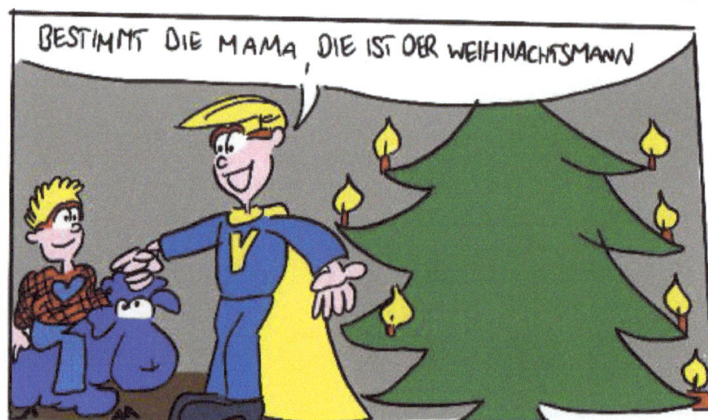

BESTIMMT DIE MAMA, DIE IST DER WEIHNACHTSMANN

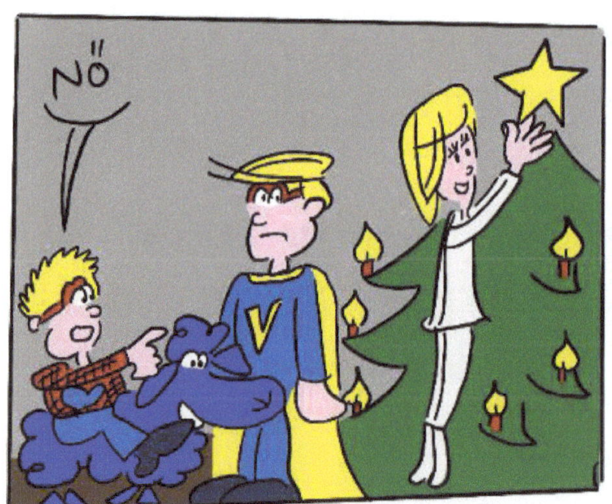

NÖ

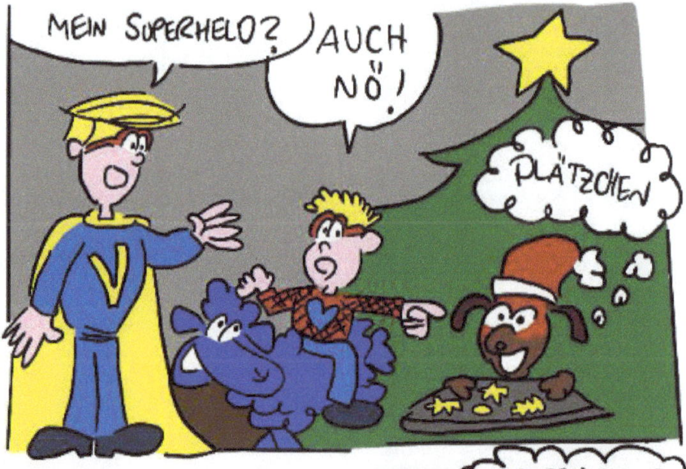

MEIN SUPERHELD?
AUCH NÖ!
PLÄTZCHEN

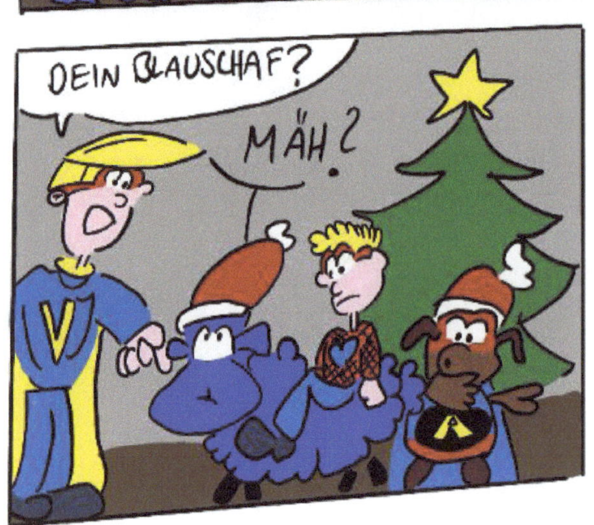

DEIN BLAUSCHAF?
MÄH?

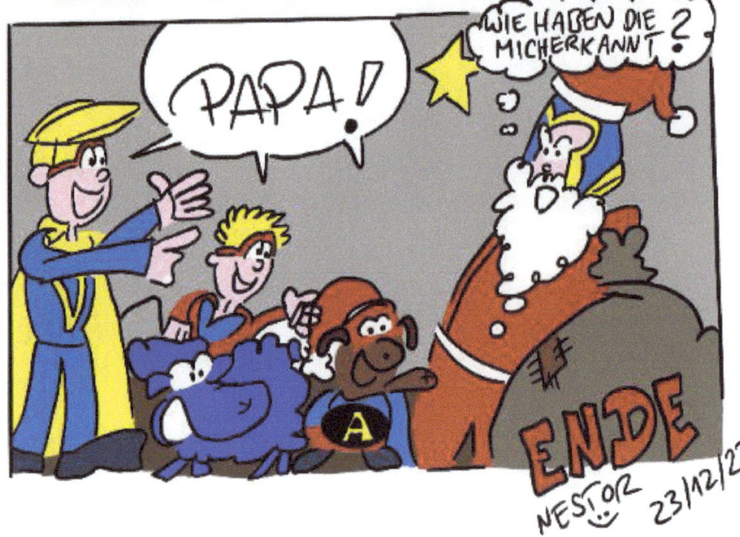

PAPA!
WIE HABEN DIE MICH ERKANNT?
ENDE
NESTOR 23/12/23

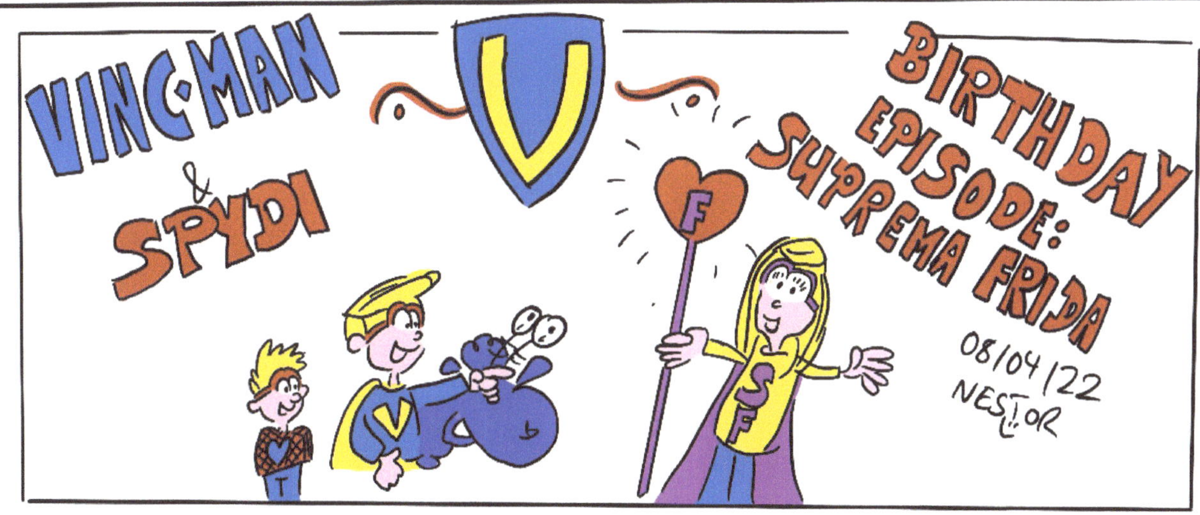

VINC-MAN & SPYDI
BIRTHDAY EPISODE: SUPREMA FRIDA
08/04/22
NESTOR

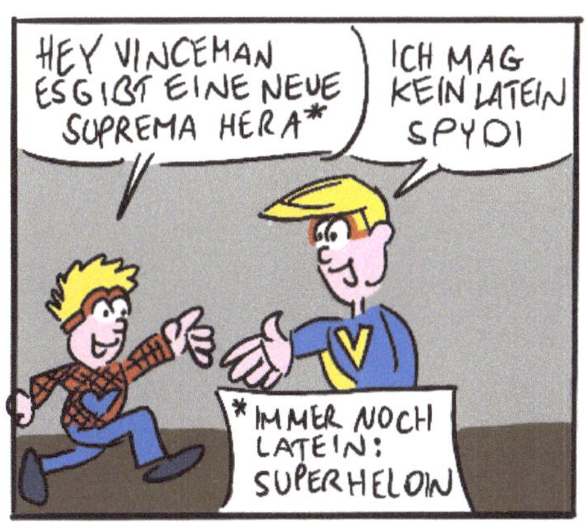

HEY VINCEMAN ES GIBT EINE NEUE SUPREMA HERA*
ICH MAG KEIN LATEIN SPYDI
*IMMER NOCH LATEIN: SUPERHELDIN

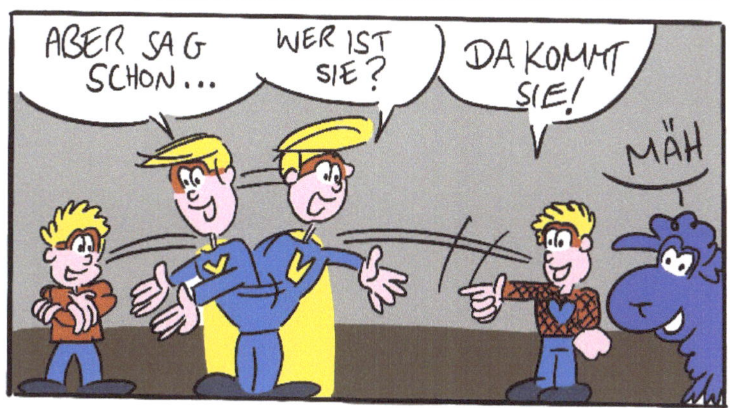

ABER SAG SCHON...
WER IST SIE?
DA KOMMT SIE!
MÄH

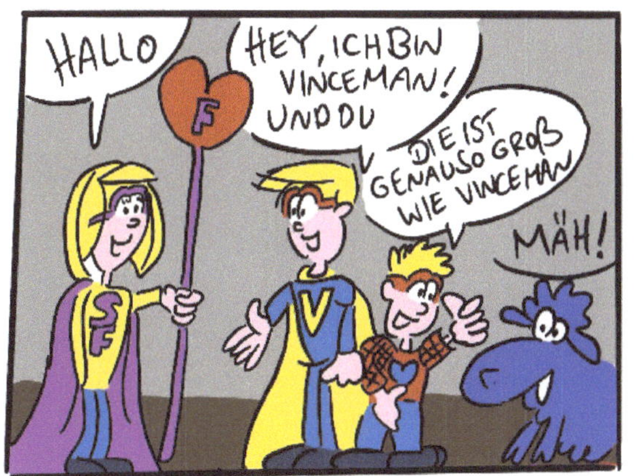

HALLO
HEY, ICH BIN VINCEMAN! UND DU
DIE IST GENAUSO GROSS WIE VINCEMAN
MÄH!

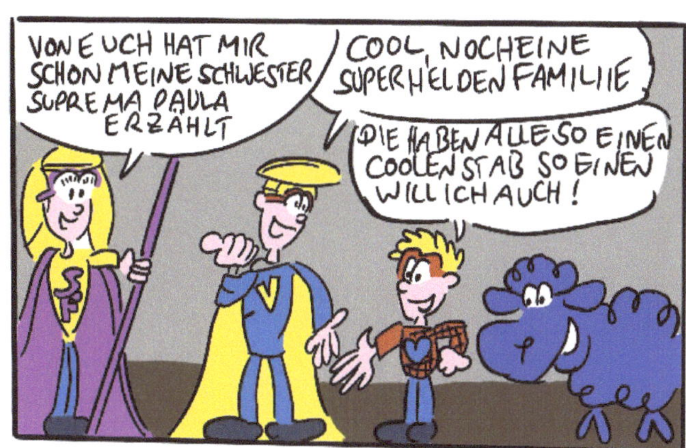

VON EUCH HAT MIR SCHON MEINE SCHWESTER SUPREMA PAULA ERZÄHLT
COOL, NOCH EINE SUPERHELDEN FAMILIE
DIE HABEN ALLE SO EINEN COOLEN STAB SO EINEN WILL ICH AUCH!

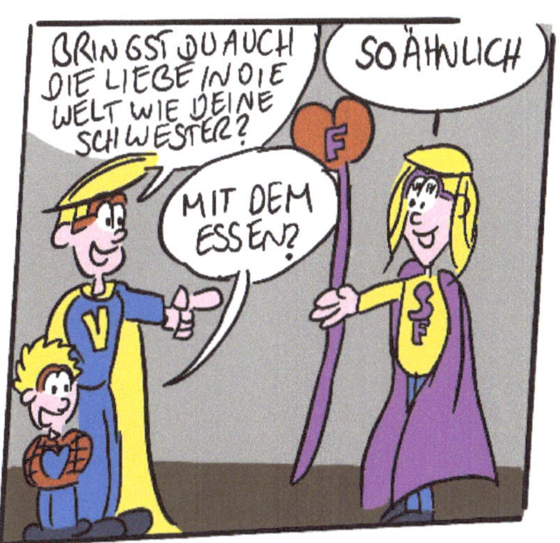

BRINGST DU AUCH DIE LIEBE IN DIE WELT WIE DEINE SCHWESTER?
SO ÄHNLICH
MIT DEM ESSEN?

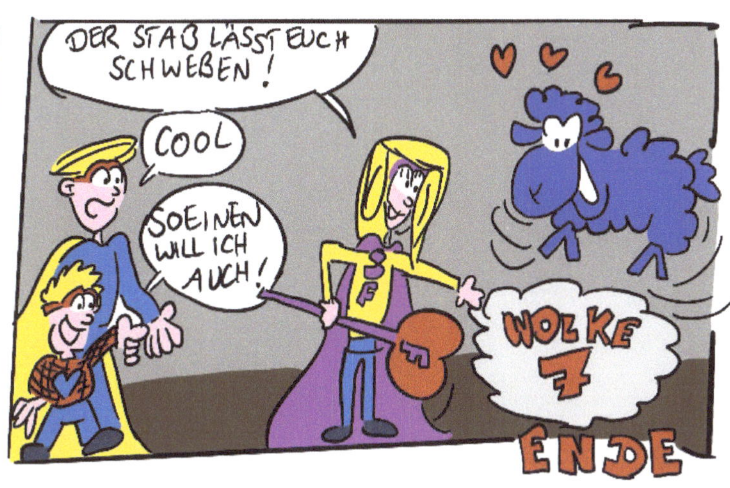

DER STAB LÄSST EUCH SCHWEBEN!
COOL
SO EINEN WILL ICH AUCH!
WOLKE 7
ENDE

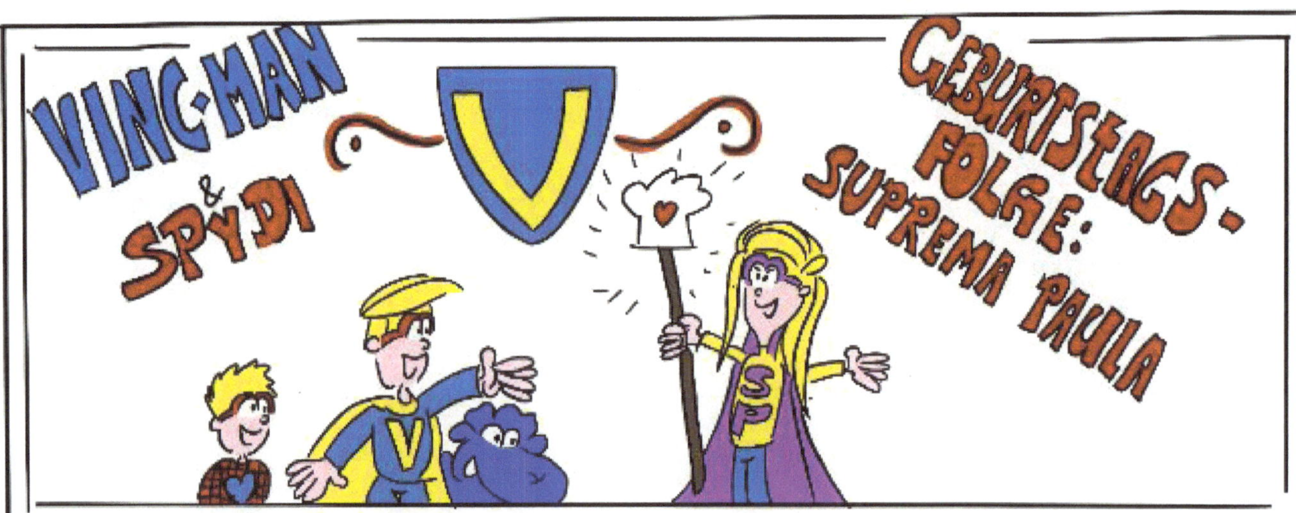

VINC-MAN & SPYDI
GEBURTSTAGS-FOLGE: SUPREMA PAULA

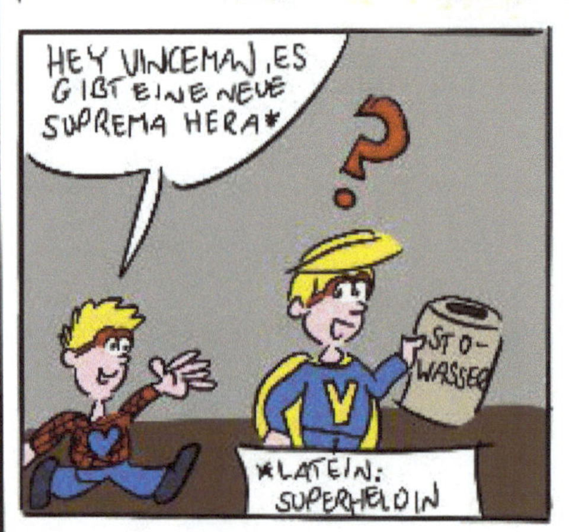

HEY VINCEMAN, ES GIBT EINE NEUE SUPREMA HERA*
?
STO-WASSEC
*LATEIN: SUPERHELDIN

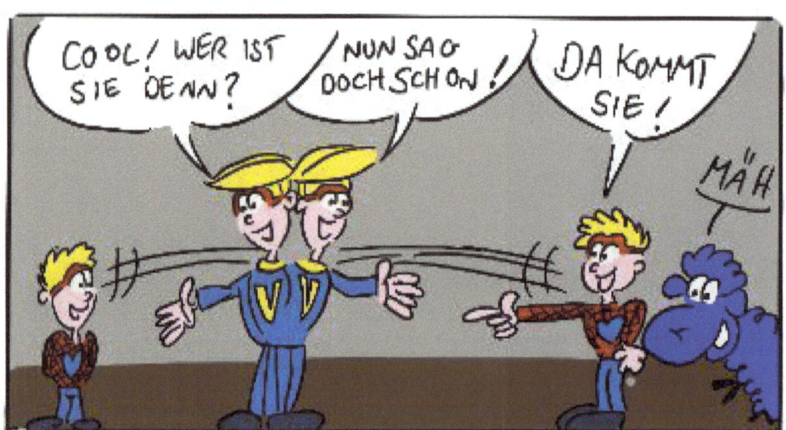

COOL! WER IST SIE DENN?
NUN SAG DOCH SCHON!
DA KOMMT SIE!
MÄH

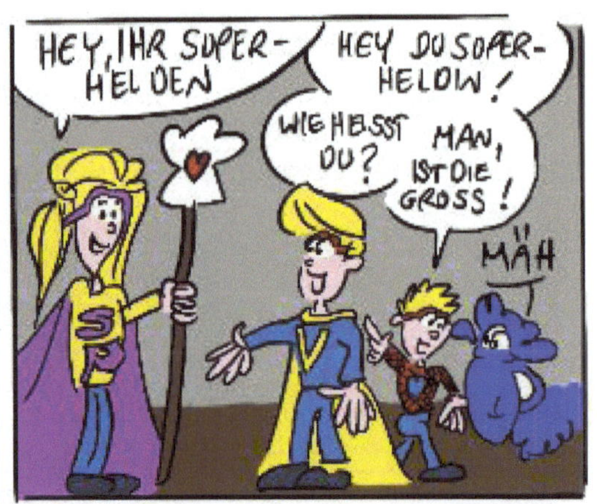

HEY, IHR SUPER-HELDEN
HEY DU SUPER-HELDIN! WIE HEISST DU?
MAN, IST DIE GROSS!
MÄH

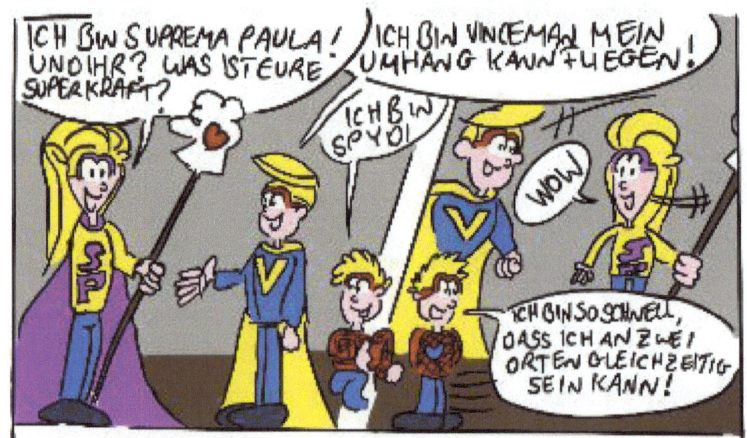

ICH BIN SUPREMA PAULA! UND IHR? WAS IST EURE SUPERKRAFT?
ICH BIN VINCEMAN, MEIN UMHANG KANN FLIEGEN!
ICH BIN SPYDI!
WOW
ICH BIN SO SCHNELL, DASS ICH AN ZWEI ORTEN GLEICHZEITIG SEIN KANN!

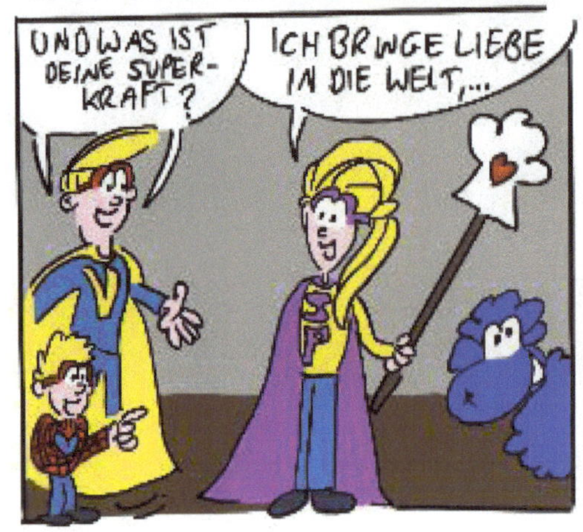

UND WAS IST DEINE SUPER-KRAFT?
ICH BRINGE LIEBE IN DIE WELT,...

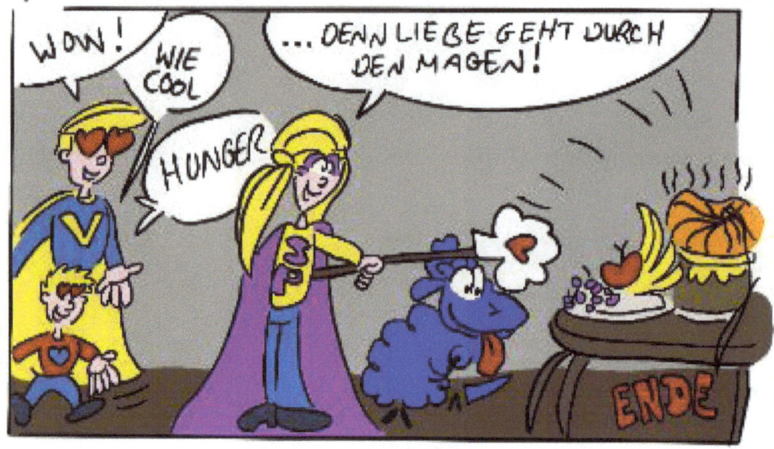

WOW!
WIE COOL
HUNGER
...DENN LIEBE GEHT DURCH DEN MAGEN!
ENDE

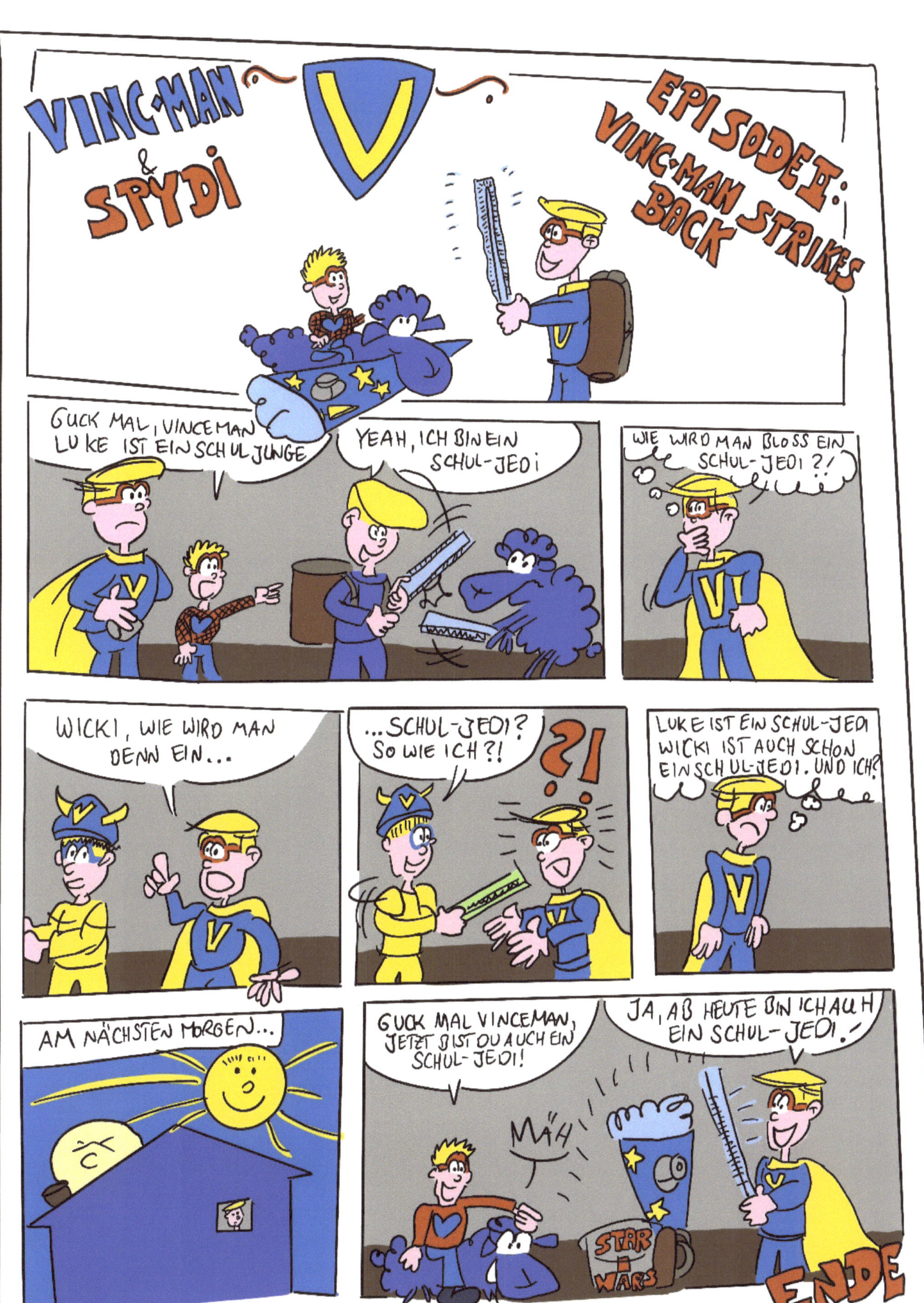

VINC-MAN & SPYDI
EPISODE II:
VINC-MAN STRIKES BACK
GUCK MAL, VINCEMAN LUKE IST EIN SCHULJUNGE
YEAH, ICH BIN EIN SCHUL-JEDI
WIE WIRD MAN BLOSS EIN SCHUL-JEDI ?!
WICKI, WIE WIRD MAN DENN EIN...
...SCHUL-JEDI? SO WIE ICH ?!
?!
LUKE IST EIN SCHUL-JEDI WICKI IST AUCH SCHON EIN SCHUL-JEDI. UND ICH?
AM NÄCHSTEN MORGEN...
GUCK MAL VINCEMAN, JETZT BIST DU AUCH EIN SCHUL-JEDI!
JA, AB HEUTE BIN ICH AUCH EIN SCHUL-JEDI.
MÄH
STAR WARS
ENDE

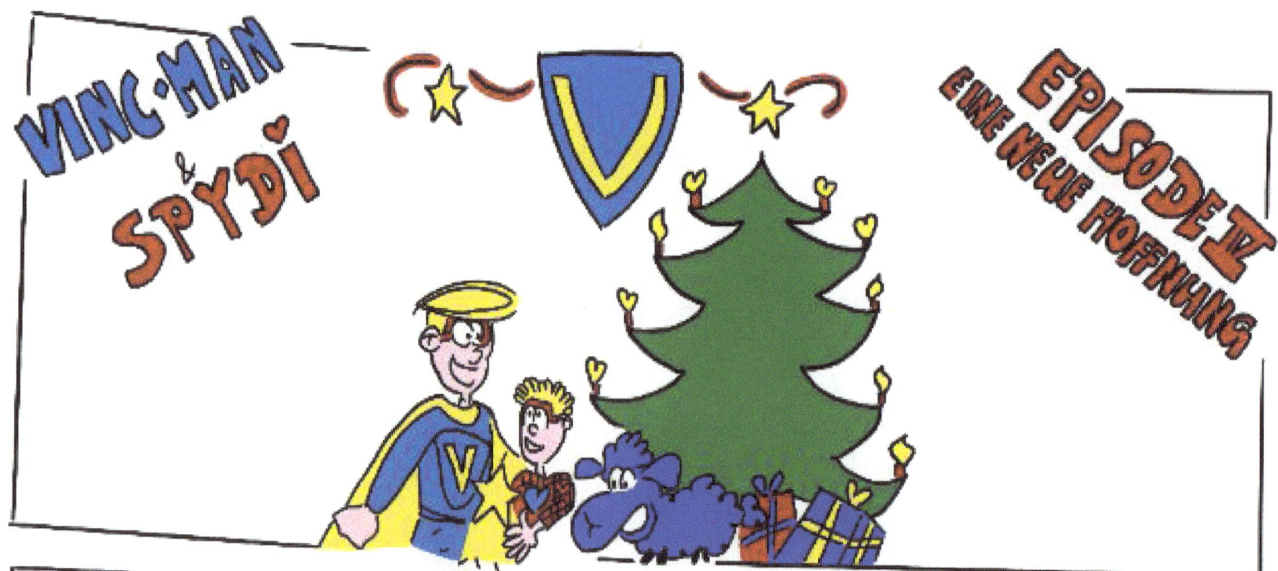

VINC-MAN & SPYDI
EPISODE IV
EINE NEUE HOFFNUNG

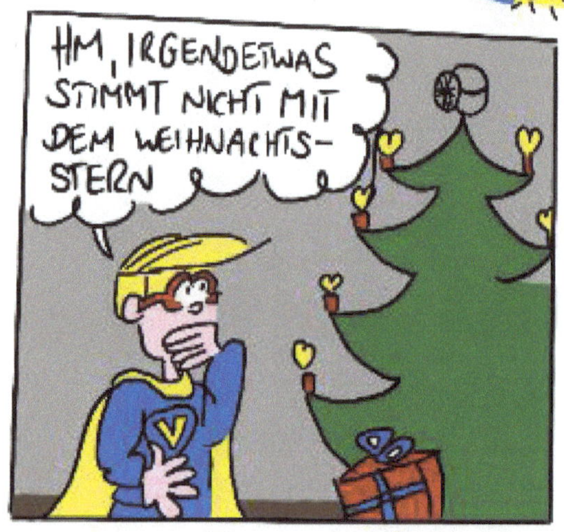

HM, IRGENDETWAS STIMMT NICHT MIT DEM WEIHNACHTS-STERN

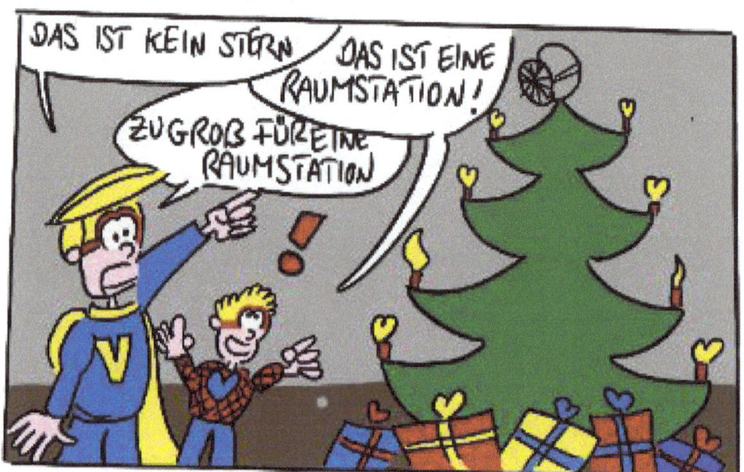

DAS IST KEIN STERN
DAS IST EINE RAUMSTATION!
ZU GROß FÜR EINE RAUMSTATION

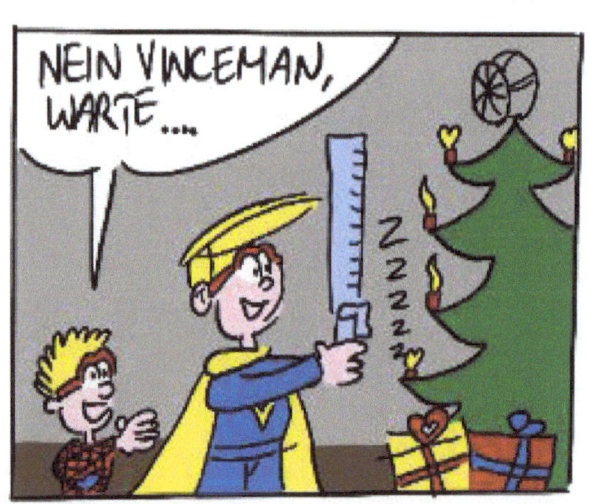

NEIN VINCEMAN, WARTE...
ZZZZZZ

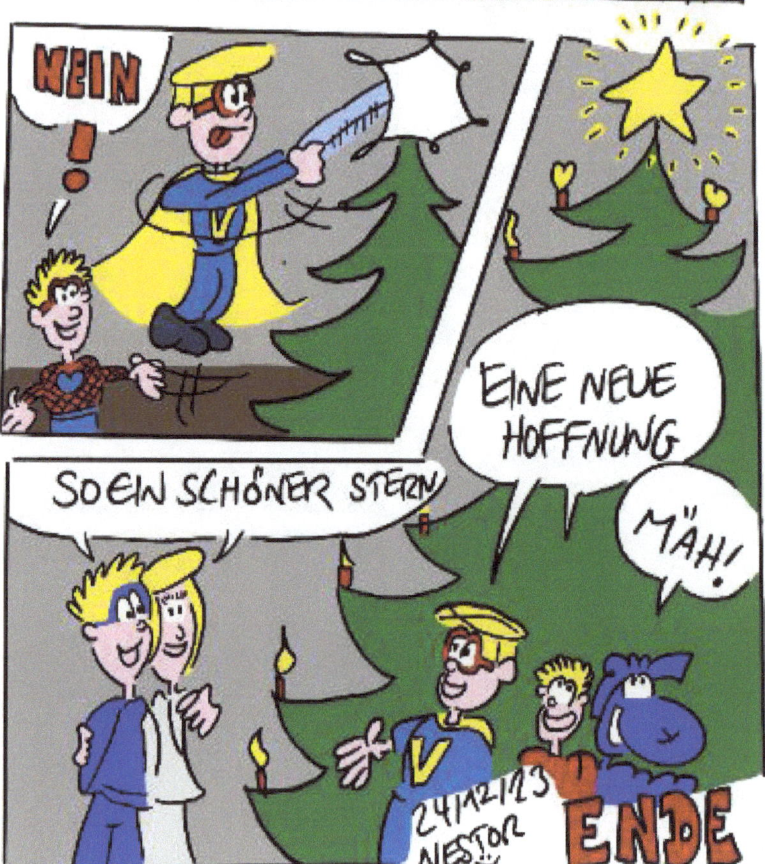

NEIN!
EINE NEUE HOFFNUNG
MÄH!

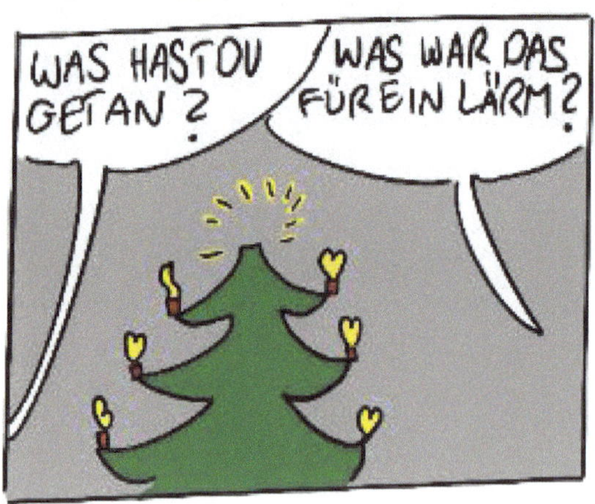

WAS HAST DU GETAN?
WAS WAR DAS FÜR EIN LÄRM?

SO EIN SCHÖNER STERN
24/12/23 NESTOR
ENDE

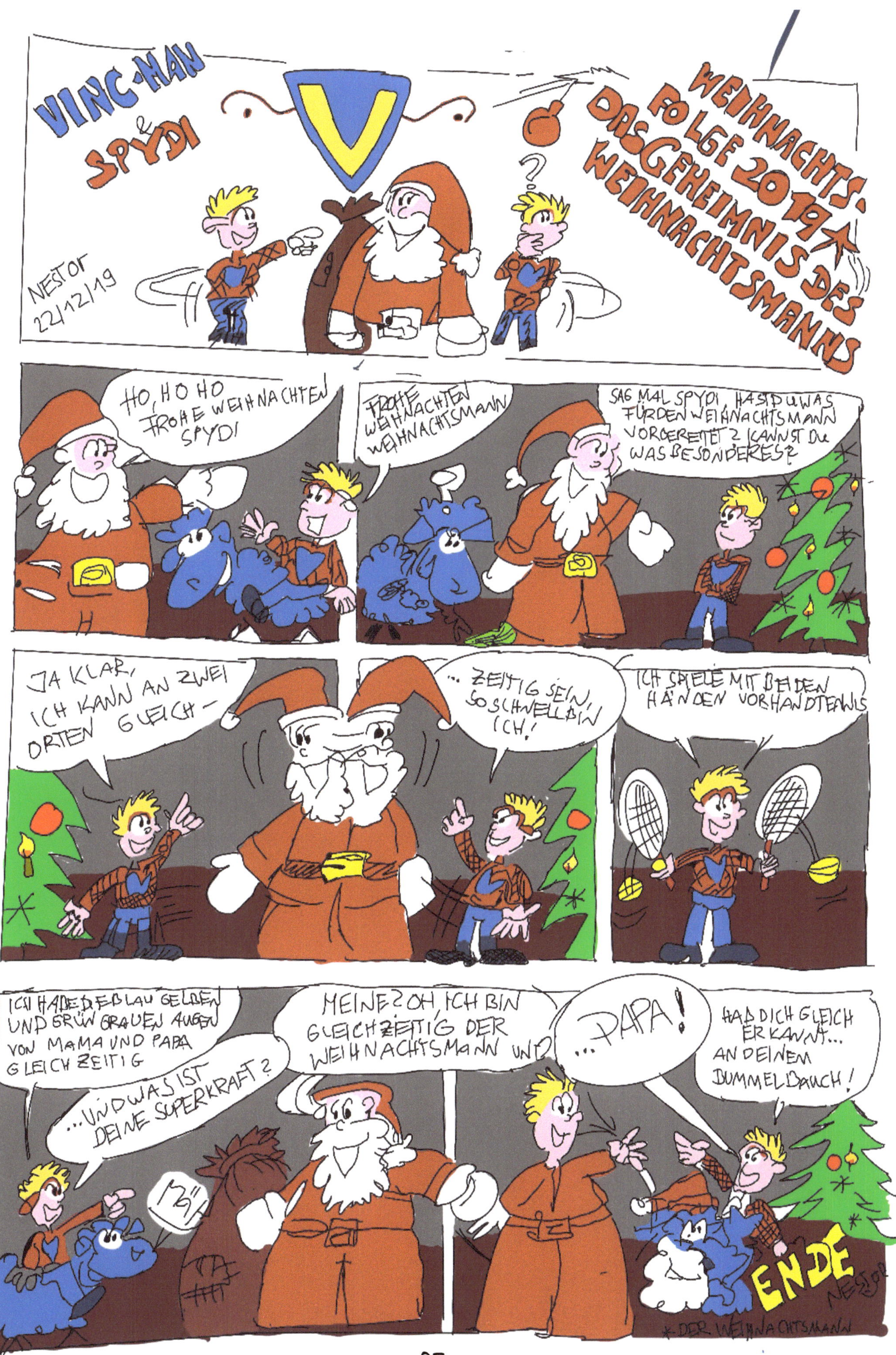

VINC-NAN & SPYDI
Nestor 22/12/19
WEIHNACHTS-FOLGE 2019 DAS GEHEIMNIS DES WEIHNACHTSMANNS
HO, HO HO FROHE WEIHNACHTEN SPYDI
FROHE WEIHNACHTEN WEIHNACHTSMANN
SAG MAL SPYDI, HAST DU WAS FÜR DEN WEIHNACHTSMANN VORGEREITET? KANNST DU WAS BESONDERES?
JA KLAR, ICH KANN AN ZWEI ORTEN GLEICH—
... ZEITIG SEIN, SO SCHNELL BIN ICH!
ICH SPIELE MIT BEIDEN HÄNDEN VORHAND TENNIS
ICH HABE DIE BLAU GELBEN UND GRÜN GRAUEN AUGEN VON MAMA UND PAPA GLEICHZEITIG
... UND WAS IST DEINE SUPERKRAFT?
MEINE? OH, ICH BIN GLEICHZEITIG DER WEIHNACHTSMANN UND?
... PAPA!
HAB DICH GLEICH ERKANNT... AN DEINEM DUMMEL BAUCH!
ENDE
* DER WEIHNACHTSMANN